이정표를 세우다

이정표를 세우다

벤처 1세대 덕산그룹 회장의 두 번째 이야기

이준호 지음

/ 들어가는 말 /

생각하는 대로 살지 않으면
사는 대로 생각하게 된다

　덕산산업을 창업하고 평생을 기업 경영에만 매진한 결과 덕산은 이제 12개의 회사를 거느린, 작지 않은 기업그룹으로 성장했다. 그러는 동안 나도 나이를 먹어 어느덧 제법 앞선 세대가 되었다. 그동안 회사를 창업하고 경영하는 과정에서 많은 일을 겪으며 실패도 했고 성공도 했다. 나는 소위 벤처 1세대로서 나보다 앞서 그러한 길을 간 선배가 없었다. 그러다 보니 경영을 하는 과정에서 겪는 다양한 형태의 어려움을 해결하는 데 마땅히 참고할 만한 책이나 조언이 없었다. 혼자 이렇게도 해 보고 저렇게도 해 보면서 어려움을 스스로 헤쳐 나왔다. 이제 와서 생각해 보니 그러한 과정에서 터득한 경험들이 유사한 길을 가는 후배들에게 이정표가 될 수도 있겠다고 생각했다.

벤처 경영을 해 오면서 겪었던 다양한 경험을 나만의 방식으로 정리하고자 한다. 나의 경험이 후배 기업인들에게 이정표가 되었으면 하는 게 내 바람이기 때문이다. 나를 뒤따라오는 후배들은 나와 비슷한 실패를 겪지 않았으면 좋겠다는 마음이다. 기업 경영이라는 쉽지 않은 길에서 성공하기 위해서는 어떤 정신을 가져야 하는지에 관해서도 필자의 경험을 전하고 싶다.

앞서 『이정표 없는 길을 가다』라는 책을 쓴 적이 있는데 이 책은 그 후속편이라고 보면 좋겠다. 앞의 책은 자서전으로, 내가 평생 기업을 경영해 온 과정을 서술했다면, 이 책에서는 그 과정에서 겪은 경험 중 후배 경영인들에게 도움이 될 만한 내용을 추려서 엮은 것이다. 이 책이 후배 기업인들에게 이정표 역할을 할 수 있었으면 좋겠다.

이 책에는 내가 경험으로 터득한 삶의 지혜와 비전이 담겨 있다. 그것은 나의 삶의 철학이고 어떤 경우에는 나의 경영 철학이기도 하다. 그것들은 어둠 속에서 길을 잃어 헤맬 때 등대가 되기도 했고, 어렵고 복잡한 문제를 해결해 주는 열쇠가 되기도 했다. 마음이 복잡하고 혼란할 때에는 단단하게 벼린 마음의 칼이 되어 삶에 어른거리는 문제를 단숨에 잘라 내주기도 했고, 실패했을 때에는 일어나서 다시 시작하게 해 주는 힘이 되기도 했다. 그것은 나의 삶 전부를 비추는 빛이었으며, 나침반이었다.

생각 없이 살면 그저 사는 대로 살게 된다. 즉 남이 써 놓은 시나리오의 엑스트라처럼 살게 된다는 말이다. 그러나 '분명한 말'을 가슴에 품고 사는 것은 생각하며 사는 것이다. 그것은 살아지는 대로 사는 피동적 삶이 아니라, 삶의 방향을 잡고 자신이 살고 싶은 대로 살아가는 능동적 삶이다. 즉 내가 내 삶의 주인공으로 살아가는 것이다. 그 '분명한 말'이 필자의 경험으로 우려낸 이 책의 내용이었으면 좋겠다.

이 책은 필자가 기업 경영을 하면서 터득한 내용을 담고 있어 주로 경영자들에게 도움이 되겠지만, 기업 경영과 관련이 없는 청소년이나 일반인들에게도 도움이 될 수 있으리라 생각한다. 기업 경영이나 사람이 사는 것이나 유사한 측면이 많다는 것이 내 생각이다. 왜냐하면, 기업 경영의 원리는 조직 운영을 넘어 가정이나 개인의 삶, 나아가 국가 운영에도 적용될 수 있기 때문이다. 따라서 기업 경영의 여러 원칙은 인생에서도 유익한 지침이 될 수 있으며, 이를 잘 활용하면 사람들이 더욱 풍요롭고 행복한 삶을 살아갈 수 있다고 본다.

예를 들어, 기업 경영에서는 목표를 설정하고 그 목표에 도달하기 위한 체계적인 계획을 수립하는데, 이는 개인의 삶에서도 마찬가지다. 인생의 목표를 정하고 그것을 달성할 수 있는 계획을 세우고 이를 향해 꾸준히 나아가는 자세는 우리가 원하는 삶을 살아가기 위한 필수적인 요소이다. 또 기업 경영에서 예상하지 못한 문제에 봉착했을 때에는 상황을 냉철하게 분석하고 그에 따른 해결책을 찾기 위해 노력하며, 때로는 기존의 전략을 수정할 수 있는 유연성이 요구된다. 이는 일상에서도 마찬가지다. 사람들은 예상치 못한 어려움에 직면했을 때 좌절하지 않고 문제를 해결하려는 적극적인 자세를 가져야 하며, 유연한 사고로 대응할 수 있어야 한다. 뛰어난 경영자는 직원들과의 관계에서 소통과 이해, 그리그 공감 능력을 발휘해 타인의 입장을 고려하고자 한다. 이는 개인 대 개인이 맺는 인간관계에서도 마찬가지이다. 주변 사람들과 좋은 관계를 유지하기 위해서는 소통과 공감, 그리고 타인에 대한 배려가 바탕이 되어야 한다.

더불어, 기업이 지속 가능한 성장을 목표로 하듯, 개인의 삶에서도 지속 가능한 행복과 발전을 추구하는 자세가 필요하다. 단기적인 성취에 집착하기보다는 삶을 장기적인 관점에서 바라보며 꾸준히 자신을 발전시켜 나가야 한다. 이렇듯 기업 경영에서 얻은 지침들은 삶의 다양한 부분에 적용될 수 있으며, 이는 삶을 더욱 의미 있고 풍요롭게 만들 수 있다고 생각한다.

이탈리아의 외교관이자 정치철학자인 니콜로 마키아벨리가 저술한 16세기의 정치학 저술인 『군주론(君主論, Il Principe)』은 애초에 정치 지도자인 군주를 위해 저술된 책으로, 군주들이 신민을 효과적으로 통치할 수 있도록 하는 지침과 전략을 담고 있으나, 시간이 흐르면서 단지 군주와 정치인을 위한 책을 넘어 일반 대중에게도 큰 영향을 미치는 철학서가 되었다. 군주론에서 마키아벨리가 제시한 통찰은 단지 정치적 리더십뿐 아니라 개인의 삶에도 유효하기 때문이다. 한 가지 예를 들면 군주론에 나오는 포르투나(Fortuna)와 비르투(Virtù)[1]의 개념은 국가 경영과 관련된 군주의 처세를 설명하기 위한 개념이었으나 이는 개인의 처세, 즉 인간의 삶의 관점에도 그대로 적용될 수 있는 내용인 것이다.

군주의 철학이 담긴 군주론이 개인의 삶에도 폭넓게 적용되기에 삶의 지침서로 읽히고 있는 것처럼, 이 책에 담긴 기업 경영의 지침들도 기업이란 테두리를 넘어 개인의 삶에도 영향을 미치는 보편적 가치를 안내하는 책으로 읽히길 바란다. 기업 경영에서 얻은 철학과 가치들은 개인의 삶을 경영하는 데에도 중요한 지침이 될 수 있다고 생각한다. 왜냐하면, 경영 철학이 궁극적으로 인간이 살아가는 원리와 맞닿아 있다고 할 수 있기 때문이다.

오늘도 많은 사람이 성공을 꿈꾼다. 꿈만 꾼다고 그 꿈이 현실이 되지는 않는다. 꿈을 현실로 만들기 위해서는 '무엇을 어떻게' 해야 하는지를 알아야 한다. 앞에 놓인 여러 갈래 길 중에서 꿈을 이룰 수 있는 길이 어떤 길인지 알아야 한다. 또한, 길이 없다면 만들어서 가야 한다. 필자의 경영 철학이 담긴 이 책이 성공을 꿈꾸는 독자 여러분에게 자양분이 되어 주었으면 좋겠다. 독자 여러분이

---

[1] '포르투나'가 운명이라면, '비르투'는 그 운명에 맞서고 상황을 극복하려는 인간의 능력을 상징한다.

각자가 지닌 정신의 뿌리로 이 자양분을 흡수하여 새롭게 가지를 뻗고 잎을 만들고 열매를 맺었으면 좋겠다. 이 책이 성공을 꿈꾸는 여러분에게, 그리고 여러 갈래 길 중에서 어떤 길을 선택할까를 망설이는 여러분에게 그 꿈을 현실로 이루는 데 필요한, 그리고 성공으로 향하는 길에 대한 이정표가 되어 주기를 바란다.

/ 차례 /

들어가는 말 • 004

1장
나의 창업, 그리고 창업을 계획하는 사람에게

높은 곳을 향해 도전하는 마음, 향상지심 • 017
천지지대덕왈생 • 022
곳간에서 노는 쥐, 헛간에서 노는 쥐 • 030
새로운 업종을 선택할 때의 유의점 • 037
어떻게 접근할 것인가 • 041
창업자와 사업을 하는 사람의 심리적 자산 • 044

2장
날아오르는 용의 등에 올라타라

이노베이션, 이것이 기업을 영속하게 한다 • 051
수주대토 • 059
비상하는 기업, 날아오르는 용의 등에 올라타라 • 062
지피지기면 백전불태, 그러나 지기(知己)가 선행되어야 한다 • 066
전략적 혁신의 도구, 벤치마킹 • 070
신규 사업으로 연결하는 혁신의 여정 • 075
매뉴얼이 일을 하게 하라 • 079
본업에 충실하라 • 084

3장
미래 비전을 실현하기 위한 기업가의 경영 철학

한비자의 사상과 자본주의의 유사점 • 089
정도 경영 • 093
마쓰시타 고노스케의 헝그리 정신 • 098
기업 경영의 관점에서 해석한 주요 경제학자의 경제이론 • 103
슘페터와 피터 드러커의 통찰 • 111
마키아벨리의 군주론, 포르투나와 비르투 • 117
기업가의 사회적 역할 • 128

4장
인재가 기업의 경쟁력이다

태산은 한 줌의 흙도 마다하지 않는다 • 137
기업 경영의 근본은 인재 경영이다 • 142
스스로 일류의 대열에 속해 있어야 한다 • 152
삼고초려의 정신이 발전시킨 덕산 • 157
열 번째 사람 • 162

5장
마음으로 이끄는 리더십

보스말고 리더가 되라 • 171
동기부여의 세 가지 방법과 미켈란젤로 동기 • 180
배 안의 적국 • 187
재량권 부여와 공정한 보상을 통한 성공적인 리더십 • 193
똑똑하고 게으른 지도자, 멍청하고 부지런한 지도자 • 197
실천적 리더십 • 200
구성원의 마음을 얻는 리더 • 204
훌륭한 리더가 되기 위한 길잡이 • 208

6장
고난을 극복할수록 기업은 더욱 빛난다

연은 역풍에 더 높이 난다 • 217
위험을 감수하지 않는 때가 기업 경영에서 가장 위험한 시기다 • 222
실패가 두렵다고 도전하지 않는 것이 더 큰 실패다 • 230
실패하더라도 성공적인 실패를 해야 한다 • 233
겪을 것은 겪기 마련이다 • 240
혹독한 역경을 딛고 성공한 사람들의 공통점 • 245

7장
기업 경영을 통해 깨달은 삶의 진정한 가치

신선놀음에 도낏자루 썩는 줄 모른다 • 255
배움의 자세가 인생에 미치는 영향 • 260
배움의 대상에는 제한이 없다 • 264
배움의 목적은 선(善)의 실천이다 • 269
믿음을 행동으로 보여 주는 용기 • 273
공짜 치즈는 쥐덫에나 걸려 있다 • 276
기적은 오직 준비된 자에게만 온다 • 279
작은 일이라도 최선을 다하라 • 283
야망을 가져라 • 287
인간관계는 보물을 찾는 과정이다 • 291
석과불식 • 295
내 인생의 케렌시아, 덕산 • 298
회사를 떠나며 • 304

마치는 글 • 307

SET A MILESTONE

1장

나의 창업, 그리고 창업을 계획하는 사람에게

현대중공업 공채 1기로 입사해 시작한 회사 생활을 10년 동안 이어갔고, 현대정공(現 현대모비스)에서 자재부장으로 퇴임했다. 창업을 결심했을 때 가진 자산이라곤 그동안 저축한 약간의 돈과 퇴직금뿐이었지만, 그동안 몸으로 겪고 체득한 경험과 강한 신념이 있었으며, 무엇보다 30대 중반이라는 젊음이 있었다. 얼마 되지 않는 자산과 작은 경험을 기반으로 시작한 창업이었지만, 이제껏 세상에 없던 나만의 새로운 세상을 만들었다는 데 큰 의미를 두고 싶다.

이 장에서는 덕산을 창업했던 나의 경험을 바탕으로 창업을 꿈꾸는 이들이 어떠한 자세를 가져야 하며, 업종을 선정할 때에는 어떤 점에 유의해야 하는지를 서술했다. 하지만 이러한 내용은 단순히 사업을 시작하려는 사람들에게만 유효한 것이 아니다. 새로운 목표를 설정하고 도전을 시작하는 모든 사람들에게 똑같이 적용될 수 있다. 미래에 대한 꿈을 그리는 청소년들이나 인생에서 새로운 출발을 준비하는 모든 이들에게 필요한 인생의 가치와 철학이라고도 할 수 있다

높은 곳을 향해 도전하는 마음,
향상지심

나는 농촌에서 자랐다. 초등학교에 다니던 시절, 당시는 국가 산업 발전의 태동기였으며, 1차 산업이 2차 산업으로 옮겨가는 시점이었다. 많은 농촌 사람이 성공을 꿈꾸며 도시로 떠났다. 어린 나도 농촌을 벗어나고 싶었다. '어떻게 하면 여기를 벗어나 더 넓은 세상으로 나갈 수 있을까? 어떻게 하면 출세할 수 있을까?' 하는 생각을 늘 가슴에 품고 살았다. 농촌에 그냥 눌러앉으면 평범한 농사꾼의 인생을 살 수밖에 없을 것 같았다. 그렇게 사는 것도 나쁘지는 않았지만 나는 그렇게 살고 싶지 않았다.

그런 생각을 하며 어린 시절을 보내던 내게 롤 모델이 생겼는데 바로 고종사촌 형님이었다. 서울대 경제학과를 졸업하고 한국일보사에서 기자 생활을 하다가 공무원으로 임용되어 국가 고위직 핵심 관료로 올라간 분이었다. 우리 집에 가끔 놀러 오는 형님을 보고 부러워하며 '여기서 벗어나려면 저렇게 해야 하겠구나.' 하고 마음을 다잡았다. 농촌을 탈출하여 살고 싶다는 강한 열망이 열정으로 자리잡기 시작했다. 그 열정은 어린 시절 내내 내 가슴에서 불타고 있었다.

지금 생각해보면 현실에 안주하는 삶보다 더 나은 미래를 꿈꾸는 위로 향하는 도전 의식이 이때쯤부터 태동하였던 것 같다. 현실에 안주하며 평범하게 사는 것보다 도전을 통해 한 단계씩 발전해 가는 삶을 갈망했고, 그것은 어릴 적부터 가슴에 품었던 위로 향하고자 하는 열정에 의한 것이었다.

이처럼 위로 향하여 도전하는 DNA는 나의 전 생애에 걸쳐 발동되었고 가난한 농촌 출신이라는 핸디캡에도 불구하고 나를 주눅들지 않게 해 주었다. 농촌에서 가난하게 자란 처지라 다른 친구들은 감히 대학에 갈 꿈도 꾸지 못할 때 나는 대학에 가는 도전을 했으며, 대학에서도 당시 일반 학생들은 엄두도 내지 못하던 행정고시에 도전했다. 나보다 출신과 학력이 월등한 아내와 결혼에 성공한 것도 이러한 위로 향하는 도전 정신이 이루어낸 내 인생 최고의 걸작이다. 농부의 아들로 태어나 시골에서 초등학교, 중학교, 고등학교를 졸업한 지방대 출신으로서 아내는 언감생심 엄두도 내지 못할 여자였지만, 아내를 만나고 나서 놓쳐서는 안 되겠다는 생각이 들어 온갖 노력을 다한 결과 결혼에 골인할 수 있었다. 아내가 주변의 만류를 뿌리치고 나와 결혼을 결심한 것도 항상 더 높은 곳을 향해 도전하는 나의 열정에서 미래를 확신했기 때문이 아니었을까?

사업을 시작한 뒤에도 나는 언제나 '미래 지향적 발전 인자'를 찾아 위로 향하는 도전을 했다. 사업이 변곡점을 맞을 때마다 당시의 형편으로는 거의 무모한 수준의 도전을 했는데, 아내의 말을 빌리면 그것은 가히 병적인 수준이었다.

조선 부품을 제조하는 사업을 하다가 금속을 코팅하는 도금업에 도전한 것은 그때 형편으로는 커다란 모험이었으며, 전통 제조업인 도금업을 하면서 첨단 기술로만 가능한 솔더볼을 생산하는 기술 집약적 정밀산업인 반도체 소재 산업에 도전장을 내민 것도 당시로서는 무모해 보이기만 한 시도였다. 나아가서 디스플레이 분야로 진출한 것도, 더욱이 첨단의 유기 발광제인 OLED 사업을 시작한 것도 크나큰 도전이었다.

그러한 도전을 하면서 어찌 마음이 평온하기만 했겠는가? 지옥 같은 나락으로 추락할 수도 있다는 두려움이 왜 없었겠는가? 하지만 위를 바라보아야만 직성이 풀리는 내 속의 DNA가 있었기에 도전이 가능했던 것이다.

나는 내 속에 잠재된 '높은 곳을 향해 도전하는 DNA'를 '향상지심(向上之心)'이라고 말한다. 그것은 늘 지금보다 더 나은 미래를 꿈꾸는, 위로 향하고자 하는 도전의 열정이다. 이 향상지심은 평생 나를 발전시킨 원동력이 되었다. 그러나 가끔은 무모한 도전의 결과 참담히 실패하기도 했고, 그러한 실패의 순간에 겪어야 했던 각고의 어려움은 나에게 숱한 인고의 시간을 안겨주었다. 그런데도 이런 도전을 마음껏 할 수 있었던 것은 위로 향하고자 하는 향상지심이 식지 않는 덕분이었다. 향상지심이 있었기에 스스럼없이 도전장을 내밀고 밀어붙일 수 있었다. 그 결과는 성공해서 누리는 성취감이거나 실패해서 겪는 고통이었다. 성공했을 때는 더없이 행복했지만 실패했을 때는 굴곡과 고통의 연속이었다. 그러나 도전하지 않았으면 실패도 성공도 없었을 것이기에 그것은 가치 있는 삶이었다. 내가 지금의 성취를 이룬 것은 숱한 도전의 결과이며, 숱한 실패의 결과이기도 하다.

많은 사람이 창업을 하려고 한다. 창업을 하기 전에 갖추어야 할 것 중 가장 중요한 것은 무엇일까? 새로운 아이디어나 기술, 사업 아이디어를 실현하게 해 줄 최소한의 자본 등 물질적인 것도 중요할 것이다. 그러나 나는 창업에 앞서 무엇보다 우선해서 갖추어야 할 것은 새로운 것에 도전하려는 강한 도전 정신이라고 생각한다. 이를 다른 말로 하면 향상지심(向上之心), 즉 높은 곳을 향해 성취하고자 하는 도전의 열정이다.

삶에서 현실에 안주하지 않고 끊임없이 도전하는 자세는 어려움을 이겨내는 첫걸음이다. 도전의 과정은 힘들고 때로는 무모하다고 느껴질 때도 있지만, 바로 그 도전 자체가 우리를 한 단계 더 성장하게 만든다. 중요한 것은 결과에만 매달리지 않고, 도전하려는 의지를 놓지 않는 것이다.

천지지대덕왈생(天地之大德曰生)

나는 평소에 '천지지대덕왈생(天地之大德曰生)[1]'이라는, 주역에 나오는 경구를 좌우명으로 삼고 있다. 그 의미는 '하늘과 땅의 위대한 덕은 바로 낳고 살리는 데 있다'이다. 즉 이 세상에서 제일 큰 덕은 새로운 생명을 내어놓는 일이라는 것이다. 주역을 공부하면서 이 경구를 접했을 때, 마음 깊은 곳에서부터 공감이 일었다. '생(生)'이란 삼라만상에서 새로운 것이 탄생하는 것을 말하며, 세상에 없던 것이 생겨나는 것을 의미한다. 이러한 생명과 창조는 천지의 가장 큰 덕이자 근본이라 할 수 있다. 이보다 심오한 진리가 또 있을까? 이 경구는 이후 나의 가슴 깊은 곳에 자리하며 내 삶 전체

---

[1] 『주역(周易)』의 계사전(繫辭傳) 하편 제1장에 나오는 말이다.

에 영향을 미치게 되었다.

사업을 하면서 기업 경영에서 이 말이 의미하는 바가 무엇일까를 곰곰 생각해보았다. 기업 경영에서 생의 의미는 무엇일까? 이는 기존에 없던 새로운 것을 창조하는 것이 아닐까? 그래서 나는 이 말을 기업 경영에 적용하며 내 나름의 해석을 해서 '기업 경영의 근본(큰 덕)은 새로운 것을 탄생시키는 것이다'라고 생각했다. 즉 사업에 성공하기 위해서는 새로운 것, 남이 하지 않는 것을 추구해야 한다는 것이다. 돌이켜 생각해보면 내가 성공시킨 대부분의 사업이 바로 이러한 생각, 즉 새로운 것, 세상에 없는 것, 현재 시장에 나와 있지 않은 것에 대한 추구가 바탕이 되었다고 생각한다.

현대정공(現 현대모비스)을 퇴직하며 덕산산업을 창업했다. 사업 초기에는 전에 몸담았던 현대정공과 현대중공업의 인맥으로 수주한 부품을 납품하는 일을 주로 하며 사업을 키워갔다. 그러나 인맥으로 수주하는 이 일은 곧 한계가 드러났다. 나보다 더 힘 있는 사람이 내가 납품하던 물량을 가져간 것이었다. 이를 계기로 납품 사업에 대해 깊이 고민하게 되었다. 당시 내가 하던 납품 사업은 누구라도 할 수 있는 사업이었고, 따라서 나의 의지와 상관없이 언제든지 물량 조정이 가능하고 심지어 납품이 끊어질 수도 있었다. 말하자면 대기업에 종속된 사업이었다. 그래서 '이러한 위험에서 벗어나려면 어떻게 해야 할까? 어떻게 하면 대기업의 영향력에 휘둘리지 않고 오직 나 자신의 힘으로 사업을 지속할 수 있을까?' 하고 고민하였다. 다시 말해 기업의 본질과 정체성에 대해 근본적인 고민을 한 것이다.

그러한 생각에 몰두하던 어느 날, 업무 차 들른 은행에서 고객용으로 비치되어 있던 『이노베이션, 이것이 기업을 영속하게 한다』라는 제목의 소책자를 우연히 읽게 되었다. 일본의 경제학자가 쓴 책이었는데, 핵심 내용은 '기업이 사회가 요구하는 니즈, 고객사가 요구하는 니즈에 민감하게 반응하여 변신하지 않으면 기업의 생명은 끝나게 된다.'라는 것이었다. 이것은 내가 생각하기에 지극히 상식적인 내용이었고, 만약 다른 때에 그 책을 보았다면, '맞는 이야기구나' 하는 생각만 하고 그냥 지나쳤을 것이다. 하지만 당시에 나는 기업의 본질에 대해, 그리고 더 나은 기업으로 발전할 방법에 대해 고민하던 중이었기에 그 당연하고 상식적인 내용이 눈에 확 들어왔다.

당시 현대중공업에서 조선 부품을 수주해 납품했는데, 주문서에는 제품에 대한 작업명세서가 함께 첨부되어 왔다. 그 작업명세서 중에는 부품이 녹스는 것을 방지하기 위해 도금을 하도록 하고 있는데, 도금 업체를 찾으니 울산에는 없고 부산이나 대구로 가야만 했다. 중공업의 메카인 울산에 왜 전문 도금 공장이 없는지 이해가 되지 않았지만, 그것이 현실이었다.

그러한 상황에서 은행에서 본 소책자의 내용은 내 눈을 번쩍 뜨게 만들었다. 바로 새로운 시장 기회를 생각해 낸 것이다. '고객사가 요구하여 필요하지만, 울산에는 없는 것, 그것을 있게 하는 것'이었다. 그래서 생각한 것이 도금업이다. 이후 일본의 도금업계를 둘러보고 그 규모나 물량 측면에서 성장 가능성이 있고, 또 철은 항상 부식이 일어나고 이를 방지하기 위해서는 도장이나 도금이 필요하니 도금업은 꼭 필요한 업종이라는 것을 확신한 후 도금 사업을 하겠다는 생각을 굳혔다. 덕산산업 내에 도금 라인을 신설했고 이내 도금사업은 덕산산업의 주 업종이 되었다. 시간이 흐름에 따라 도금사업은 점점 번창했고, 도금사업은 덕산산업을 덕산그룹으로 발돋움할 수 있게 만든 주춧돌이 되었다.

1999년에 울산대학교 경영대학원에서 경영학 석사 과정을 공부할 때 만난 첨단소재공학부 J 교수로부터 솔더볼 제조 사업에 대한 제안을 받고 솔더볼의 사업성을 조사해 보았다. 솔더볼은 반도체의 소형화, 집적화에 따라 꼭 필요한 첨단의 패키징 소재로, IT산업이 발전할수록 반도체를 이용한 제품이 늘어날 것이고, 반도체의 수요 증가와 함께 이 소재의 시장도 엄청나게 성장할 것으로 예상하여 신규 사업으로는 전망이 상당히 밝다는 생각이 들었다. 무엇보다도 국내에는 아직 그것을 생산하는 기업이 없었고 전량 일본에서 수입하고 있었다. 수요가 있는데 국내에서 아직 생산하는 사업자가 없다는 점에서 사업성이 충분하다는 확신이 들었다.

즉시 J 교수와 만나 솔더볼 제조 기술과 함께 초기 제품을 생산할 수 있는 제조 장비를 구매하는 계약을 체결하고 솔더볼 제조 사업을 위한 덕산하이메탈을 창업했다.

IMF 사태가 가져온 역사상 유례를 찾아보기 어려운 불황 속에서 나에게는 완전한 무에서 새로운 것을 탄생시키는 일이었기에 주변에서는 많은 걱정을 했다. 하지만 나는 이 사업이 꼭 성공할 수 있는 사업이라고 확신했다. 솔더볼과 같은 소재 산업은 하루아침에 성공과 실패가 결정되지 않으며, 오랜 준비와 철저한 검토, 수많은 연구와 시행착오가 필요한 업종이다. 하지만 우리나라에서는 아직 해 본 사람이 없는 업종이기에 내가 최초로 성공할 수 있다는 확신이 들었다. 필요하지만 우리나라에는 없는 사업이었기에 눈앞에 닥친 IMF 상황이 아니라 그 이후를 내다보며 솔더볼 제조 사업을 시작한 것이다. 이후 반도체의 수요 증가와 함께 그 핵심 소재인 솔더볼의 수요도 매우 증가하였고, 덕산하이메탈은 국내의 반도체 기업뿐만 아니라 세계 유수의 반도체 기업에도 납품하게 되었다. 그렇게 덕산하이메탈은 성장에 성장을 거듭하여 덕산그룹의 중추적인 기업으로 자리매김하게 되었다.

도금 사업과 솔더볼 사업을 시작하면서 깨달은 것은 남들이 가지 않은 길을 가라는 것이었다. 덕산산업의 초기 부품 납품 사업은 그 분야에 경험이 있었고 이미 가본 길이었기에 접근하기 쉬운 업종이었으나 반면 누구나 할 수 있는 업종이었다. 그렇기에 현대정공에 납품하던 물량을 다른 사람에게 빼앗기며 위기를 겪었다. 반면, 덕산산업의 도금 사업과 덕산하이메탈의 솔더볼 제조사업은 남들이 가지 않은 길이었다. 이 사업들은 처음 시작하여 사업이 안정화되기까지는 많은 어려움을 겪었지만, 그 이후에는 시장의 수요에 힘입어 크게 성장할 수 있었다. 나는 그것들의 성공 요인이 남이 가지 않은 길을 선택했기 때문이라고 생각한다. 도금 사업은 울산에 꼭 필요한 업종이었으나 당시 울산에는 이 사업을 하는 업체가 없었으며, 솔더볼 사업은 반도체 생산에 꼭 필요한 업종이었으나 당시 국내에는 이를 생산하는 사업자가 없었다. 시장에서 필요로 하지만 시장에 없는 것을 있게 만든 것이었다.

창업에 대한 나의 이런 생각은 김위찬(W. Chan Kim) 교수와 르네 마보안(Renée Mauborgne) 교수가 제안한 블루오션 이론과 일맥상통한다고 생각한다. 블루오션(blue ocean)은 경쟁이 없는 새로운 시장, 즉 푸른 바다와 같은 시장을 의미하며 이와 반대되는 개념이 레드오션(red ocean), 즉 많은 경쟁자가 비슷한 전략과 상품으로 경쟁하는 시장이다. 이들은 기업이 성공하기 위해서는 경쟁이 없는 독창적이고 새로운 시장인 블루오션을 창출하고 발전시켜야 한다고 말했는데, 내가 생각한 '시장에서 필요로 하지만 시장에 없는 것'을 추구하는 전략이 바로 경쟁이 없는 독창적인 새로운 시장을 창출하는 전략이 아닐까?

이런 맥락에서 본다면 덕산산업의 부품 사업은 레드오션이었고 덕산산업의 도금사업과 덕산하이메탈의 솔더볼 사업은 블루오션이라 할 수 있다. 그래서 나는 새롭게 창업하는 사람에게 늘 남이 안 가본 길, 새로운 것을 탄생시키는 길을 가라는 말을 한다. 처음엔 힘이 들지만, 그곳이 블루오션이기 때문에 성공의 가능성이 크기 때문이다.

"창업하려 하는가? 천지지대덕왈생을 명심하라."

'천지지대덕왈생'의 정신은 단지 기업 경영에만 국한되는 것이 아니다. 이 정신은 일반적인 삶에서도 우리의 성장과 발전을 이끌어가는 중요한 힘이 된다. 창의적이고 도전적인 사고를 통해 새로운 삶을 개척하고자 하는 사람에게는 누구나 이 정신이 필요하다. 이 정신은 세상에 없는 것을 이루려는 꿈을 실현하고, 새로운 방향으로 나아가고자 하는 모든 이들에게 용기와 도전 의식을 북돋아 준다. 그뿐만 아니라 자기 삶의 주체로서 새로운 길을 만들며 발전할 수 있도록 하는 추진력이 된다.

– 블루오션과 레드오션

블루오션은 아직 발견되지 않았거나 창출된 새로운 시장을 의미한다. 기존 시장 경계에 얽매이지 않고, 새로운 수요를 창출하여 경쟁을 무의미하게 만든다. 혁신적인 제품/서비스를 통해 독자적인 시장을 만들어 기업이 고수익과 성장을 동시에 달성할 수 있다. 한편 레드오션은 기존의 치열한 경쟁 시장을 의미한다. 이미 존재하는 수요와 고객을 놓고 제로섬 게임을 벌이는 환경이다. 기업들이 서로 고객을 빼앗기 위해 가격 경쟁과 차별화에 의존하게 된다. 결과적으로 수익성과 성장 가능성이 제한된다.

곳간에서 노는 쥐,
헛간에서 노는 쥐

"곳간에서 노는 쥐는 항상 배부르고 헛간에서 노는 쥐는 항상 배고프다."

어느 날 친구들과 식사하는 자리에서 전통 산업에 종사하는 한 친구가 이런 말을 했다.

"선진국에서도 어려운 사업을 후진국에서 하려 하면 가랑이가 찢어져 결국 후회하게 된다. 아예 시작하지 않는 편이 낫다."

그 말을 듣고 나는 속으로 생각했다.

'그렇게 생각하면 평생 헛간에서만 머물겠지. 넓은 세상을 보지 못하고 말이야.'

나는 종종 사업을 시작하려는 사람들에게 헛간과 곳간 이야기를 해 준다. 헛간에서 노는 쥐는 늘 먹을 것이 부족해 배가 고프지만, 곳간에서 노는 쥐는 언제나 먹을 것이 많아 배부르다. 처음 어디에 발을 디디느냐에 따라 그 이후의 삶이 달라지는 것이다.

이 말은 기업 경영에서 업종 선택이 얼마나 중요한가를 보여준다. 한번 선택하면 처음 선택한 환경에 안주할 가능성이 커지기 때문이다. 헛간에서 노는 쥐는 아무리 노력해도 배가 고플 수밖에 없다. 자기가 사는 헛간이 세상 전부라 생각하며 바깥세상은 못 보고 그곳에 눌러앉을 가능성이 크기 때문이다. 그러나 곳간은 다르다. 곳간에 들어가기는 어렵더라도 한 번 자리를 잡으면 배부른 상태를 지속할 수 있다. 물론 곳간에서도 치열한 경쟁은 피할 수 없지만, 뒤따르는 추종자를 따돌리고 격차를 벌려 경쟁에서 우위를 점할 수 있으면 당분간은 배부른 상태를 지속할 수 있다. 삼성전자는 메모리 반도체 시장이라는 곳간에서 세계 유수의 기업들과 경쟁했지만, 초격차의 기술로 경쟁자들을 따돌리고 수년 동안 시장 지배력을 유지할 수 있었다. 중요한 것은 먼저 곳간의 영역에 발을 디디는 것이다.

곳간을 선택하지 않고 배고픈 헛간을 선택하는 사람이 어디 있느냐고 반문할 수도 있다. 그런데 의외로 헛간을 선택하는 사람이 많다. 곳간이 어디에 있는지 모르거나, 자신이 알고 있는 것이 세상 전부라고 생각할 수도 있기 때문이며, 무엇보다도 헛간을 선택하는 길이 곳간을 선택하는 길보다 쉽기 때문이다. 즉, 곳간으로 가려면 새로운 길을 개척해야 하고, 익숙했던 환경을 떠나야 하며, 때로는 실패를 감수해야 한다. 많은 사람이 이러한 불확실성을 두려워하여 도전을 망설인다. 또한, 주위 환경이 헛간에 머무르는 것을 당연하게 여기도록 만들기도 한다.

그러나 곳간을 선택하는 길을 포기하지 않고 끈질기게 나아가는 사람만이 결국 풍요를 누릴 수 있다. 새로운 기회를 두려워하지 않고 넓은 곳으로 나아가야 비로소 풍요로운 삶을 누릴 수 있는 것이다.

나는 언제부터인가 수소 산업에 관심을 두게 되었다. 수소 경제는 수소를 주요 에너지원으로 사용하는 경제 체제를 의미한다. 화석 연료 기반 에너지 시스템에서 벗어나 지속 가능한 청정에너지 시스템으로 전환할 수 있게 하는 주요한 방식이다. 수소는 청정에너지 자원으로, 연소할 때 오염 물질을 배출하지 않기 때문이다.

수소 경제는 미래를 위한 중요한 에너지 전환 전략 중 하나로, 환경적 장점과 에너지 자원의 다양성을 제공하는 동시에 여러 도전 과제를 해결해 나가야 할 분야다. 그러나 기술 개발과 정책 지원, 산업 협력을 통해 수소 경제로의 전환이 가속화될 것으로 기대된다.

내가 생각하는 곳간 업종 중의 하나가 바로 이 수소 산업이다. 생산이나 유통 메커니즘이 복잡하고 기술도 정립되어 있지 않으며 유통 구조도 확립되어 있지 않다. 무엇보다도 선진국이나 중진국 모두 같은 출발점에서 시작하는 시점이기에 선점하면 큰 성공을 거둘 수 있는 업종이다. 전통 산업에서 유럽이나 미국처럼 기술적 우위를 가진 국가들을 따라잡는 것은 상당히 어려운 일이다. 하지만 미래 산업에서는 우리나라에도 충분한 기회가 있다. 기술과 시장이 이제 막 형성되고 있는 이 시점에, 우리가 올바른 방향으로 준비하고 실행한다면 세계 1등이 되는 것은 꿈이 아니다. 성공한다면 곳간 역할을 톡톡히 할 수 있는 핵심 사업으로 자리매김할 수 있다. 지속해서 새로운 기회를 모색하며 글로벌 경쟁력을 확보해 나가기 위해 혁신과 함께 과감한 투자를 하면 수소 산업은 단순한 가능성을 넘어 우리의 곳간이 될 것이다.

수소 관련 기업인 에테르시티[2]를 M&A한 것은 미래 산업에 대한 선제적 투자이다. 덕산에서 인수한 에테르시티는 초고압 가스 용기 제조 기술을 기반으로 특수가스 및 산업용 가스 운송·저장 시스템을 전문적으로 개발·제작하는 회사이다. 수소 경제에서는 압축해서 탱크에 담고 운반하는 유통 구조가 중요하기 때문에 에테르시티는 수소 경제의 중요한 한 축을 담당할 것으로 예상한다. 수소 경제에 뛰어드는 일은 쉬운 길은 아니지만, 곳간에 들어가는 길이라고 생각해서 어렵지만 해 보자고 생각했다. 이제껏 어렵게 가

---

2   1992년 창업, 부산 녹산공단에 소재한 초대형 고압 가스 용기 전문 제조업체

는 길을 선택했기에 덕산의 오늘이 있다고 생각한 것이다.

– 곳간의 세 가지 유형

그동안 기업을 경영하면서 나름 터득한 곳간에는 세 가지 유형이 있다. 각각의 곳간은 난이도와 진입 방식이 다르지만, 도전하는 용기와 끊임없는 연구가 있다면 충분히 개척할 수 있다고 생각한다.

1. 일반적인 곳간: 비교적 쉽게 접근할 수 있는 지역적 차원의 곳간

나에게 도금사업은 첫 번째 유형의 곳간이었다. 시장이 명확하게 형성되어 있었고, 실행력만 있다면 충분히 개척할 수 있는 분야였지만 울산에는 없는 사업 분야(도금)였다.

2. 난이도가 높은 곳간: 일정 수준의 연구개발과 노력이 필요한 국가적 차원의 곳간

솔더볼은 두 번째 유형의 곳간에 해당한다. 연구개발이 필요했고 많은 시행착오를 겪어야 했지만, 국내에는 전혀 없는 사업이었다. 그러나 개발에 성공하여 덕산의 주요 기업이 되었다.

3. 진입 장벽과 난이도가 높은 곳간: 인프라 구축과 환경 조성이 필수적이며, 깊이 있는 연구가 요구되는 글로벌 차원의 곳간

수소 산업은 세 번째 유형의 곳간이다. 수소 산업은 세계적으로 아직 초기 단계이며, 산업 전반의 인프라가 갖춰지는 과정에 있다. 기술적, 제도적, 경제적 장벽이 존재하지만, 그만큼 선점 효과가 큰 분야다.

헛간에서 노는 쥐와 곳간에서 노는 쥐의 차이처럼, 우리 삶에서도 어디에 집중하고 무엇을 선택하느냐에 따라 삶의 방향과 만족감이 크게 달라질 수 있다. 단순히 경쟁이 치열한 분야에 뛰어들어 남들과 끝없이 경쟁하며 달리는 대신, 자신에게 진정한 가치와 의미를 줄 수 있는 분야를 찾아 나아가는 것이다.

우리가 삶에서 선택하는 길이나 목표가 꼭 남들과 같을 필요는 없다. 나에게 진정으로 중요한 것이 무엇인지, 내가 진정으로 이루고 싶은 것이 무엇인지를 고민하며 곳간을 찾아가는 태도가 필요하다. 용기를 내어 자신만의 길을 개척하는 데 매진한다면, 경쟁에서 벗어나 더 큰 기회와 가능성을 발견할 수 있다. 그것이 곳간에 들어가는 길이다.

자식이 진로를 선택할 때 빚어지는 부모와 자식 간의 갈등에서 헛간과 곳간의 차이를 뚜렷하게 볼 수 있다. 부모는 보통 안정성과 전망을 중요하게 여기며, 자녀는 당장 전망이 밝지 않아도 자신이 하고 싶어 하는 일을 하고자 한다. 이것은 결국 헛간과 곳간을 선택하는 일이라 할 수 있다.

부모는 자식의 강점보다는 직업의 안정성에 무게를 두려고 한다. 자식이 고생하는 것을 원하지 않기 때문이다. 하지만 자식은 쉽지 않은 길을 가더라도 자신이 하고 싶은 것을 하려고 한다. 부모가 권하는 일은 현재는 안정적일 수 있지만 급변하는 시기에 미래까지 그 안정성이 유지될지 아무도 모른다. 그 때문에 장기적으로 보면 헛간일 가능성이 크다. 지금은 어려운 일일지언정 자신이 하고 싶어 하는 일은 곳간이 될 가능성이 크다. 왜냐하면, 하고 싶은 일을 하는 것은 강한 내적 동기가 수반되며, 그 동기가 결국은 성공과 실패를 좌우하기 때문이다.

새로운 업종을 선택할 때의 유의점
새로운 길을 선택할 때 알아야 할 것들

덕산네오룩스의 전신인 L사를 인수할 때였다. L사 인수를 추진하면서 예상하지 못한 강력한 반대에 부딪혔다. 덕산하이메탈의 2대 주주였던 유미코아가 이를 강하게 반대하고 나선 것이다. 유미코아는 덕산하이메탈의 지분 17%를 보유한 주요 주주였을 뿐만 아니라, 세계 각지의 판매망을 보유한 월드 와이드 네트워크를 통해 덕산하이메탈 제품을 해외에 유통하는 핵심 파트너였다. 유미코아와의 협력은 회사의 글로벌 시장 확장과 매출 안정성에 중요한 역할을 했기에, 그들의 의견을 무시하기란 쉽지 않았다.

유미코아가 반대의 목소리를 높인 이유는 덕산하이데탈이 OLED라는 새로운 분야에 전문성이 없다는 것이었다. L사의 사업영역이 덕산하이메탈의 기존 사업영역과는 완전히 달랐기 때문에,

유미코아 측은, 이 인수가 시너지 효과를 내기는커녕 불확실성과 위험만 초래할 것이라고 주장했다. 유럽 각국의 선진국에서는 신규 사업에 진출할 때 기존 사업과의 연관성과 해당 분야의 전문성 유무를 매우 중시하는 경향이 있는데, 유미코아 역시 이 같은 이유로 L사 인수를 반대한 것이다. 나는 유미코아의 판단도 중요하다고 생각했지만, 더 중요한 요인, 즉 미래 발전인자를 우선으로 생각했다. OLED 산업이 미래 산업으로서 성장 가능성이 크다는 점을 본 것이다. 동시에 이 제품의 시장도 고려하였는데, 내가 주목한 것은 이 제품의 잠재적 고객사인 S사가 납품에 긍정적 태도를 보였다는 점이었다. 그리하여 유미코아의 반대에도 불구하고 인수를 밀어붙인 것이다. 결국, 이 결정으로 유미코아와는 결별하게 되었지만, 나는 그 선택이 장기적인 성장 동력을 확보하기 위한 불가피한 결단이었다고 확신했다. 유미코아와의 결별이 비록 단기적으로는 손실처럼 보일 수 있지만, 미래를 위한 투자와 도전은 때로는 이러한 희생을 수반하기 마련이다.

덕산네오룩스는 OLED 산업의 성장과 함께 꾸준한 매출 성장을 기록해 왔다. 특히 삼성디스플레이 및 LG디스플레이 등 대형 고객사를 통해 매출이 많이 증가했으며, OLED 패널 수요가 스마트폰, TV, 웨어러블 기기 등 다양한 분야로 확장되면서 매출이 더욱 증가하여 회사의 재무 성과에 지대한 공헌을 하였다.

이러한 경험을 하면서 새로운 업종을 선택할 때 고려해야 할 중요한 사항을 깨달을 수 있었다.

첫째, 미래 발전 비전이 있는가 하는 점이다. 이는 장기적인 성장을 도모할 수 있는 사업 여부를 판단하는 중요한 요소이다. 이것은 어쩌면 가장 중요한 유의점이라고 할 수 있는데, 유미코아의 반대를 무릅쓰고도 이 사업을 강행한 것은 이 사업에서 미래 발전 비전을 보았기 때문이다.

둘째, 해당 제품의 시장이 확보되어 있는가이다. 이는 제품을 구매해 줄 기업이 해당 사업에 대해 가지는 긍정적 태도이다. 잠재적 구매 기업의 지지와 협력은 사업의 안정성과 성장 가능성을 크게 높여준다. L사를 인수할 때 S사가 우리에게 해당 사업 인수를 권유했기에 시장의 안정성이 있고, 성장 가능성이 크다고 판단하였으며 이는 인수 판단에 중요한 요인이 되었다.

셋째, 기존 사업과 시너지 효과를 창출할 수 있는가를 고려해야 한다. 시너지가 발생할 경우, 자원을 효율적으로 활용하고, 더 큰 성과를 기대할 수 있다.

넷째, 해당 분야에서 경험이 있는지, 즉 그 분야가 전에 가본 길인지 아닌지이다. 익숙한 분야이거나 해당 분야에 전문성이 있으면 성공 확률이 높아지기 때문이다.

위의 네 가지 요인은 모두 중요하지만, 때에 따라 어떤 요인을 더 중요시해야 하는지는 다르다고 생각한다. L사를 인수할 때 유미코아는 셋째와 넷째 요인을 중시하여 인수를 반대했지만 나는 첫째 요인인 미래 발전인자와 둘째 요인인 시장성을 더 중요한 요인이라고 판단했기에 L사 인수를 강행한 것이다.

어떻게 접근할 것인가

'어떻게 접근할 것인가(How To Approach)?'는 어떤 일을 시작할 때 가장 중요한 질문 중 하나다. 이는 목표를 설정한 이후, 그 목표에 도달하기 위한 전략적이고 체계적인 방법을 모색하는 것이다. 특히, 경쟁이 치열하거나 변화가 빠른 분야에서 남들과 다른 방식으로 접근하는 것은 목표의 달성 가능성이나 결과에서 큰 차이를 만들어 낸다.

어떤 일을 해결하고자 하거나 목표를 달성하기 위해서, 특히 창업을 할 때에는 시작하기 전에 전체적인 안목을 가지고 그 진행 과정을 예상하며, 큰 그림을 그릴 줄 알아야 한다. 창업 문제를 해결하기 위한 성공적인 접근 방식에는 다섯 가지 핵심 요소가 있다.

첫째, 문제의 본질을 파악해야 한다. 문제의 핵심을 명확히 이해함으로써 문제를 해결하기 위한 근본적이고 효과가 큰 해결 방안을 마련할 수 있다. 단순히 겉으로 보이는 문제만을 해결하기 위한 방안은 문제를 근원적으로 해결하지 못하고 파생적인 문제를 야기하기도 한다.

둘째, 조직적인 힘을 활용해야 한다. 즉 문제를 해결하기 위한 유기적인 조직을 만들어야 한다. 조직이 가진 조직 내, 외부의 다양한 인적, 물적 자원을 유기적으로 결합하면 개별적으로 접근할 때보다 시너지 효과가 크다.

셋째, 발상의 전환을 할 수 있어야 한다. 기존에 가지고 있는 사물과 세상을 바라보는 인식의 틀을 전환하여 새로운 관점에서 문제를 볼 수 있어야 한다. 구태의연한 문제 해결책이 아니라 전혀 새로운 관점에서의 해결책이 필요하다.

넷째, 변화에 대한 유연성과 적응력이 필요하다. 변화가 빈번한 현대 사회에서 계획대로 모든 일이 진행되기란 어렵다. 따라서 변화하는 상황에 따라 유연하게 대응할 수 있는 능력이 필수적이다.

다섯째, 시장의 확장 가능성을 끊임없이 모색해야 한다. 현재의 시장에 만족하지 않고, 미래 성장 가능성을 끊임없이 탐색하는 기업만이 지속 가능한 성공을 거둘 수 있다. 새로운 시장에 도전하는 것은 잠재적인 리스크가 있기는 하지만, 이러한 모험 없이 기업의 성장을 기대하기는 어렵다.

'어떻게 접근할 것인가'에 대한 고민은 기업 경영에서뿐만 아니라, 일반적인 삶에서도 문제를 해결하고 목표를 달성하는 더 중요하다. 무언가를 새로 시작할 때뿐만 아니라 인생을 살다 어떤 문제에 부딪힐 때, 가장 먼저 생각해야 하는 것이 '어떻게 접근할 것인가?'이다. 문제 해결을 위한 체계적 접근 방식을 모색하지 않고 무작정 덤벼들었다가는 시간적, 물질적, 정신적 손해는 물론 경우에 따라서는 문제 해결에 실패할 수도 있다. 그렇기에 살아가면서 '어떻게 접근할 것인가'를 모색하는 것은 항상 염두에 두어야 할 중요한 삶의 태도라 할 수 있다.

창업자와 사업을 하는 사람의 심리적 자산

기업을 창업하려는 사람에게는 기술과 자본과 같은 물적 자산 외에도 정신적 지구력, 회복력과 같은 심리적 자산이 매우 중요하다. 이러한 자산은 창업 과정에서의 도전과 어려움을 극복하고, 성공적인 기업으로 성장하는 데 큰 역할을 한다.

내가 경험한 다크로(dacro) 도금 특허 분쟁은 기업 경영에서 심리적 자산이 얼마나 중요한지를 실감하게 한 사건이었다. 다크로 도금 방법은 자동차용 디스크 브레이크의 디스크를 코팅하는 데 사용되는 도금 방법으로서 내가 기존에 하던 아연 도금 방법과는 다른 기술이었다. 다크로 도금을 시작할 당시 해당 기술은 일본 업체가 특허를 보유하고 있었고, 그 업체의 독점 공급업체인 한국에

이전트를 통해 도금재료를 공급받았다. 그러나 한국 에이전트는 거래 과정에서 지나친 독점자의 우위 행위, 소위 갑질을 일삼아 대부분이 중소업체였던 고객들의 불만을 샀다. 그러던 중, 인천의 B사가 일본 업체의 기술과는 약간 다른 형태의 기술을 개발해 특허를 취득했고, 덕산도 그 특허물질을 구매해서 사용했다. 그런데 국산 도금액을 사용한 지 얼마 되지 않아 일본 업체와 한국 에이전트가 공동으로 B사뿐만 아니라 B사의 특허물질을 구매해서 사용하고 있던 덕산을 대상으로 특허 위반 소송을 제기하였다. 소송은 지루하게 지속되며 결국 대법원까지 가게 되었고, 긴 시간이 흐르는 동안 많은 어려움이 뒤따랐다. 긴 소송 과정에서 국산 기술을 개발한 B사는 결국 부도를 맞아 소송을 포기했고, 덕산 홀로 외로운 법적 투쟁을 이어가야 했다.

이 소송은 긴 시간과 막대한 비용을 감수해야 하는 과정이었는데, 법적 논리를 따지는 것도 중요했지만 무엇보다 중요한 것은 일본 업체의 특허 내용이 세계 최초가 아님을 입증하기 위한 증거 자료를 확보하는 일이었다. 결국, 결정적 자료를 확보하며 4년간의 긴 소송에서 승소는 하였으나 그 과정은 금전적인 면뿐만 아니라 정신적으로도 험난한 과정이었다. 무슨 수를 다해서라도 해결하겠다는 의지, 끝까지 버텨낼 인내심과 지구력이 부족했다면 중도에 소송을 포기했을지도 모른다. 중도에 포기하고도 싶었지만, 만약 패소할 경우 배상금 등으로 막대한 금전적 손실을 보게 되면 기존 사업까지 포기해야 할 위기에 놓일 수 있었기에, 끝까지 싸울 수밖에 없었다. 결국, 포기하지 않고 끝까지 싸웠기에 승소할 수 있었다.

  돌이켜 보면, 다크로 도금 특허 분쟁과 관련된 이 경험은 내 인생에서 가장 혹독한 역경 중 하나였다. 평생 잊을 수 없는, 가슴 깊이 새겨진 사건이었다. 이 사건을 통해 깨달은 것은, 사업에서 자본과 기술만큼이나 심리적 자산이 중요하다는 점이었다. 강한 정신력과 끈질긴 의지가 없다면, 위기를 기회로 바꿀 수 없다. 이 경험을 통해 나는 더욱 단단해졌고, 위기를 극복하는 힘을 키울 수 있었다. 사업에서 성공하기 위해서는 자본과 기술적 역량뿐만 아니라, 어려움을 이겨내는 정신적 지구력과 회복력이 필수임을 다시금 깨닫게 되었다.

The Milestone Ahead

SET A MILESTONE

2장

날아오르는
용의 등에 올라타라

1장에서 덕산의 창업을 사례로 들어 창업할 때의 유의점 등을 알아보았다. 창업을 한 다음에는 지속적인 성장과 발전이 중요하다. 2장에서는 기업이 지속적인 성장과 발전을 하는 데 필요한 사항을 서술했다.

이노베이션,
이것이 기업을 영속하게 한다

앞 장에서 '기업 경영의 근본(큰 덕)은 새로운 것을 탄생시키는 것이다'라고 했다. 즉 새로운 것을 창조하는 것이다. 그러면 새로운 것을 창조하기 위해서는 어떠한 정신과 태도가 필요할까? 나는 혁신이 가장 필요하다고 생각한다. 결국, 기업 경영의 근본은 새로운 것을 탄생시키는 것이며 이를 가능하게 하는 것은 혁신인 것이다. 기업이 성장 발전하기 위해서도 혁신은 반드시 필요하다.

앞 장에서 덕산산업에서 도금 사업을 시작하게 된 에피소드를 얘기하였다. 그때 은행에서 우연히 보게 된 『이노베이션, 이것이 기업을 영속하게 한다』라는 제목의 소책자에서 "기업이 존속하기 위해서는 사회가 요구하는 니즈, 고객사가 요구하는 니즈에 민감하게 반응하여야 한다."라는 내용을 읽고 울산에 없던 도금 사업을 생각하게 되었다고 밝힌 바 있다.

사실 그 책자의 핵심 내용은 기업이 영속(성장, 발전)하기 위해서는 사회가 요구하는 니즈, 고객사가 요구하는 니즈에 민감하게 반응하여 변화해야 하고 그러한 변화를 위해서는 이노베이션(혁신)을 하여야 한다는 것이다. 이제 그 내용을 좀 더 부연 설명하고자 한다.

그 책에서는 기업이 사회가 요구하는 니즈, 고객사가 요구하는 니즈에 민감하게 반응하여 변신하지 않으면, 기업 생명은 끝나게 된다고 말한다. 2차 대전 패망 후에도 일본 기업들이 망하지 않고 지속적인 발전을 할 수 있었던 이유는 상황에 맞게 변신과 혁신을 했기 때문이라는 것이다.

일례를 든다면, 전시에 총, 칼, 등의 무기를 제작했던 기업들이 전쟁이 끝난 후 사회가 그러한 제품을 더는 요구하지 않았기 때문에 변신해야 했고, 기존에 하던 사업과 관련된 기술과 생산 설비를 이용하여 포크, 나이프와 같은 주방 기구를 생산하는 기업으로 변신했기에 장기적으로 발전해 나갈 수 있었다는 것이다. 시장의 상황이 변하면 기업은 혁신과 변신을 해야 하며, 변신할 때는 기존에 하던 일, 구사하던 기술이나 시장 측면에서 관련성이 있는 아이템으로 옮겨가면 성공할 가능성이 커진다는 내용이었다.

그 책자를 읽고 기업이 존재하기 위해서는 시장이 요구하는 상품을 생산할 수 있어야 하지만(새로운 것을 창조), 기업이 영속(성장, 발전)하기 위해서는 변신과 혁신이 필수적이라는 사실을 깊이 깨달았다.

이후 나는 기업을 성장 발전시키기 위해 끊임없는 혁신에 도전했으며, 덕산의 성장 과정은 가히 혁신의 과정이었다고 할 수 있다. 사실 내가 기존에 하던 납품 사업에 추가하여 도금업을 하기로 한 것도 일종의 변신 내지는 혁신이라고 할 수 있었다. 또 기존의 아연도금에서 알루미늄 도금 사업을 추가하여 사업의 시장을 확대한 일이나, 전국의 도금업 기업들을 조직하여 도금업 협회를 만들어 도금 시장의 조직적 확장[1]을 꾀한 일들 모두가 혁신의 정신이 있었기에 가능한 일이었다.

현재 덕산하이메탈의 주 제품인 솔더볼도 혁신의 산물이다. 처음에 실험실에서 성공한 수준의 솔더볼 제조기술을 현장에 적용했으나, 불량품이 쏟아지고 생산량도 적어 이익을 낼 만큼의 경제적 가치가 없었다. 그러나 각고의 노력으로 기술을 혁신한 결과 양산에 성공하여 시장의 요구에 부응했다. 그다음에는 무연 시대의 도래라는 시대 변화를 읽고 솔더볼의 소재를 납에서 주석으로 바꾸

---

1 예컨대 정부나 지자체에서 교량 건설을 계획할 때 설계 단계에서 협회 차원에서 영업하여 상판의 표면처리 규격을 도금으로 결정하도록 하면 도금사업의 시장 규모를 키울 수 있다. 도장이나 도금, 어느 쪽으로도 가능한 규격을 도금으로 하게 되면 그만큼 도금 물량이 늘어나 도금업계의 파이가 커지고, 규격이 도금으로 정해져 제작업체에 내려가면 도금업체는 제작업체만을 상대로 영업하면 된다. 즉 설계업체를 상대로 영업하여 도금업의 파이를 키우는 것은, 개별 업체보다는 협회 차원에서 하는 것이 훨씬 효과적이다.

는 소재 혁신을 하여 무연 솔더볼을 개발했다. 그 결과 덕산은 살아남았지만, 소재를 혁신하지 못한 경쟁업체 두 개는 무연 시대가 도래하면서 파산했다. 그 경험을 통해 혁신하지 않으면 도태되고 만다는 사실을 절감했다. 그 후로도 솔더볼은 시장에서 끊임없는 변신을 요구받았고 나는 그 요구에 혁신으로 대응하였다. 강한 솔더볼 개발, 미세솔더볼 개발, 로우알파 메탈(Low alpha metal) 개발, 도전볼 개발이라는 혁신을 함으로써 오늘날의 덕산하이메탈이 있도록 한 것이다. 궁극적으로 이노베이션(혁신)이 기업을 영속(성장, 발전)할 수 있게 만드는 것이다.

혁신은 답습과 대비되는 말이다. 다른 사람이 해 온 것을 그대로 똑같이 하는 것은 '답습'이다. 혁신은 기존의 방법과는 다른 새로운 방법, 연구 개발에 의한 신기술, 신 기법을 탄생시켜 나가는 것이라 할 수 있다. 그렇기에 혁신은 기업을 지속 성장하게 만드는 원동력이다. 혁신이 없으면 기업은 도태되고 생존하지 못한다. 또한, 혁신은 기업 경영의 모든 측면에서 이루어져야 한다. 보통 혁신이라고 하면 기술 혁신만 생각하지만, 혁신은 기술적 측면에만 국한되는 말이 아니다. 영업적 측면에서도 혁신이 필요한데, 영업에서는 새로운 판매망을 찾거나 기존 제품의 새로운 쓰임새를 찾아 판매를 촉진하는 것이다. 기존 거래처와만 거래해서는 매출 확대를 기대할 수 없으며, 새로운 시장을 개척해야 판매량이 증대하고 기업이 성장하여 신규 고용을 창출할 수 있으며, 발전을 꾀할 수 있다. 관리적 측면에서도 혁신이 따라 주어야 한다. 기술과 영업을 혁신해도 그에 걸맞은 관리가 이루어지지 않는다면 앞으로 남고 뒤로 밑지는 사업이 되기에 십상이다.

기업에서 혁신을 통해 성장과 발전을 이루듯 일반적인 삶에서도 혁신은 우리의 성장과 발전을 이끌어가는 중요한 힘이다. 혁신의 과정에서 우리는 실패와 좌절을 마주할 수도 있지만, 그러한 과정을 통해 얻어지는 배움과 성장도 무시할 수 없는 가치 있는 일이다. 혁신이야말로 기업은 물론, 우리 모두의 삶 속에서 도전과 성장을 경험할 수 있게 만드는 원동력이 되는 것이다.

– 혁신을 추구하는 4가지 자세

혁신을 하기 위해 명심해야 할 사항이 있다. 돈을 좇는 대신에 혁신에 집중해야 한다는 것이다. 즉, 혁신은 돈이 아닌 혁신 자체여야 한다. 돈을 추구하면 혁신에 집중할 수 없으나, 혁신을 하면 돈은 자동으로 따라오게 되어 있다. 기업을 경영하는 사람이 명심해야 할 내용이다.

조직의 리더가 혁신을 잘하기 위해서는 다음과 같은 4가지 자세가 필요하다.

1. 전방위적 사고

혁신을 하기 위해서는 전방위적 사고를 해야 한다. 전방위적 사고란 단순히 한 분야에 국한하지 않고, 다양한 관점에서 미래의 가능성을 탐색하는 사고방식이다. 이것은 시장, 기술, 사회 변화 등 모든 분야에서 발전을 예측하는 능력이다.

2. 현재의 트렌드를 읽고 앞서 나가기

혁신은 현재의 트렌드(trend)를 정확하게 읽는 것에서 출발해야 한다. 4차 산업혁명 시대에는 IT 산업이 주를 이룬다. IT 산업과 동떨어진 쪽으로 사고하며 혁신할 거리를 찾아서는 안 된다. 현재 변모, 변화하며 발전하고 있는 트렌드에서 새로운 변화를 탐지하고 그것에 앞서가는 쪽으로 사업할 거리를 찾아야 한다.

3. 자유롭고 민주적인 조직 분위기

혁신하려면 철저하게 자유롭고 민주적인 조직이 되어야 한다. 억압적이고 폐쇄적인 조직은 죽은 조직이다. 상명하달식의 억압적이고 강제적인 조직에서는 새로운 아이디어가 탄생하거나 도전적인 시도가 이루어지는 것을 기대하기 어렵다. 리더는 구성원들이 자유롭게 토론하고 의견을 교환할 수 있는 환경을 조성해야 하며, 민주적으로 의사 결정을 도모할 수 있는 조직을 만들어야 한다.

4. 겸손하고 겸허한 태도

성공한 사람의 공통점은 겸손하고 겸허했으며, 성공하지 못한 사람의 사례들을 살펴보면 그러한 태도가 부족했다는 것을 느낄 수 있다. 겸손하지 못한 사람의 경우 '이 정도 발전했으면 다 이룬 것이다', '내가 최고다'라고 생각한다. 이렇게 생각하는 사람의 발전 한계는 거기까지이다. 더 발전하기 위해선 '나는 아직 멀었다. 아직 더 발전해야 하고 그러기 위해서는 더 가다듬고 더 노력해야 한다'라고 생각해야 한다.

혁신에는 위험이 따르기 마련이다. 약간의 위험도 감수하지 않겠다는 자세가 가장 위험하다. 도전을 두려워하지 않는 자세가 혁신의 시작점이다. 도전에는 실패의 가능성이 존재하지만, 실패는 성장의 기회이기도 하다. 위험을 감수하지 않으면 혁신을 이루는 것은 불가능하다. 또, 위험에 추가되는 것이 시련이다. 위험을 감수해야 성공의 열매를 거둘 수 있다. 그러므로 시련이 없다는 것은 축복받을 일이 없다는 말과 같다.

거북이는 바닷가 모래 속에 알을 낳는다. 알에서 깬 거북이는 본능적으로 바다로 향한다. 바다까지 가는 길에서 갈매기들의 공격을 받아 많은 새끼 거북이가 죽는다. 하지만 살아남은 거북이는 바다로 가서 새로운 삶을 시작한다. 그런데 갈매기가 무서워 알에서 나오지 않으면 죽는 길밖에 없다. 혁신하면 기회가 생기지만 혁신하지 않으면 그 결과는 오직 한 가지, 즉 도태되어 죽을 수밖에 없는 것이다. 이러한 원칙은 일상생활에서도 마찬가지다.

수주대토(守株待兎)

기업 경영에서의 위기란 새로운 것이 탄생하지 않는 때이다. 그러므로 혁신은 상시로 도모해야 한다.

한비자의 책 오두편(五蠹篇)에 '수주대토(守株待兎)[2]'라는 말이 나온다. 송나라의 한 농부가 밭을 일구고 있었는데, 토끼가 한 마리 지나가다가 나무 그루터기에 부딪혀 죽었다. 그렇게 우연히 토끼를 잡은 농부는 그다음 날에도 같은 일이 벌어지기를 기대하며 괭이를 놓은 채 기다렸다. 우연히 잡힌 토끼가 다음에도 잡힐 것이라 기대한 것이다. 농부는 같은 자리에서 끊임없이 기다렸으나 당연

---

2 풀이하면 '수(守)'는 지킨다는 의미이고 '주(株)'는 그루터기를 뜻한다. '대(待)'는 기다린다는 의미이고 '토(兎)'는 토끼를 말한다. 즉, 그루터기를 지키며 토끼를 기다린다는 뜻이다.

히 그 후에는 토끼가 오지 않았다.

　노력 없이 과거에 일어난 행운이 다시 찾아오길 기대하는 것은 어리석으며, 한번 성공한 일이 나중에도 똑같이 성공할 거라 기대하고 과거의 일을 답습하는 것은 어리석다는 것을 알려주는 고사이다. 이것이 알려주는 교훈은, 변화하는 상황에 맞추어 능동적으로 대처해야 한다는 것이다. 단순히 '우연한 행운을 기다리지 말라'라는 말만 기억할 것이 아니라, 더 중요한 의미인 '변화하는 환경을 감지하고 시대에 맞는 대책을 수립하며, 새로운 기회를 스스로 만들어나가라'라는 교훈을 마음에 새겨야겠다.

　세상은 끊임없이 변하며, 사회 구조와 경제 환경, 산업 트렌드 또한 지속해서 변화한다. 그러나 일부 사람들은 이러한 변화를 인식하지 못하고, 과거의 성공 방식을 고집하며 같은 결과를 기대한다. 이는 결국 현실에 적응하지 못한 채 도태되는 결과를 초래하게 된다.

　경영 또한 마찬가지이다. 기업을 운영하는 데 있어 가장 중요한 것은 시대의 흐름을 읽고 변화에 능동적으로 대응하는 것이다. 과거의 성공에 안주하며 같은 방식으로 반복적인 성과를 기대하는 것은 위험한 발상이며, 이는 기업의 경쟁력을 저하시킬 수 있다. 소비자 요구의 변화와 사회의 변화, 그리고 기술의 변화 등을 면밀하게 분석하고 이에 맞는 전략을 수립해야 지속적인 성장과 발전을 이룰 수 있다.

이와 유사한 주장을 한 사람이 미국의 경영학자 피터 드러커[3]이다. 그는 과거의 성공에 집착하지 말 것을 강조한다. 과거의 성공을 기반으로 구축된 시설, 인력, 시스템 등은 시대 변화에 따라 낙후될 수밖에 없으므로 더는 자산으로 잡으면 안 된다는 것이다. 과거의 성공에 안주하지 말고, 시대 변화에 부응하여 끊임없이 혁신을 해야 살아남을 수 있다는 것이다.

인간의 삶은 성장하거나 혹은 썩어 가거나 둘 중 하나이다. 중간은 없다. 이러한 법칙은 조직이나 기업에게도 마찬가지이다.

---

3   피터 드러커(Peter Ferdinand Drucker, 1909~2005). 오스트리아 출생의 미국 경영학자로 지식 경영의 패러다임을 연 선구자로 평가된다. 마케팅 개념의 창시자이며 '지식 노동자'라는 단어를 처음 만들었고, 20세기 기업 경영 담론에 큰 영향을 준 인물로서, 말년에는 경영학계의 스승 대접을 받았다.

비상하는 기업,
날아오르는 용의 등에 올라타라

창업한 후 지속적인 발전을 하려면 끊임없는 혁신을 해야 한다. 그 혁신에 필요한 방법이 용의 등에 올라타고 미래 비전을 보는 것이다.

한비자[4]는 '보다 쉽게, 보다 큰 개혁을 하려면 날아오르는 용의 등에 올라타야 한다.[5]'라고 말했다. 이는 개혁을 할 때에는 가장 효율적이고 가장 강력한 권력을 지닌 수단을 이용해야 한다는 뜻이다. 이를 현대적으로 해석하면 어떤 일을 도모할 때에는 기회를 잘 포

---

4   중국 춘추전국시대의 철학자로 본명은 한비(韓非)이다. 전국시대 말기 한(韓)나라 왕족 출신으로 법치주의를 주장했으며 법가를 집대성한 철학자로 알려져 있다.
5   『한비자』 책의 세난(說) 편에 나오는 말이다.

착해야 하며 시류에 편승할 줄 아는 지혜가 필요하다는 것이다. '용의 등에 올라탄다.'라는 것은 시류에 편승하여 나도 덩달아 기회를 얻고, 그 대열에 끼어서 같이 성장·발전한다는 의미이다. 즉 발전의 물결에 나도 배를 띄워 함께 흘러가는 것을 의미한다.

비슷한 말로 "거인의 어깨에 올라타라."라는 말이 있다. 거인의 어깨에 앉으면 나의 눈높이가 거인의 눈높이와 같게 되므로 거인처럼 멀리 볼 수 있게 된다는 것을 의미한다. 이 표현은 중세 프랑스의 철학자이자 신학자인 베르나르 샤르트르가 한 것으로 알려져 있으며, 만유인력의 법칙을 발견한 영국의 아이작 뉴턴이 자신이 쓴 편지에서 인용하면서 더욱 유명해졌다. 뉴턴은 만유인력의 법칙을 발견한 자신에게 칭송이 이어지자 1675년에 "내가 멀리 볼 수 있었던 것은 거인의 어깨 위에 올라서 있었기 때문이다."라고 하였는데, 이는 자신이 위대한 과학적 발견을 할 수 있었던 이유는 이전의 위대한 과학자들의 업적, 즉 거인 덕분이라는 것이었다.

기업의 세계에서 거인은 대기업이라 할 수 있다. 거인의 어깨에 올라탄다는 것은 대기업의 시선으로 현재 상황과 미래를 보는 것을 의미한다. 거인은 키가 크므로 일반 사람은 볼 수 없는 산 너머를 볼 수 있다. 여기서 산 너머란 미래를 의미한다. 즉 미래 발전 인자를 볼 수 있다는 것이다.

한비자는 용(龍)을 권력자의 상징이라고 했으나 나는 용을 시대의 흐름을 이끄는 대기업이라고 생각했다. 벤처기업으로 막 출발한 덕산하이메탈에게 삼성은 바로 그 용처럼 보였다.

솔더볼 양산에 성공하고 해외 반도체 업체들을 대상으로 세일즈를 하기 위해 에이전트를 선정해 판촉 활동을 열심히 했다. 그런데 찾아가는 해외 업체마다 '삼성과 거래하느냐?'라고 물었다. 덕산은 듣도 보도 못한 기업이기에 삼성과 거래 여부를 가지고 기술력을 판단하겠다는 것이었고, 그러므로 삼성과 먼저 거래를 트고 오라는 것이었다. 나는 삼성부터 정복해야 세계를 정복할 수 있다는 사실을 절실히 느끼고 해외로 영업을 나가는 대신 삼성과 거래를 트기 위해 올인했다. 삼성에 처음 문을 두드렸을 때 단번에 거절당했다. 하지만 포기하지 않고 계속 문을 두드렸다. 그러자 삼성은 거절하면서도 '이 점을 보완하여 다시 오십시오.'라고 하는 식으로 개선을 요구했다. 요구하는 것을 보완해 가면 또 다른 것을 보완하기를 요구했고, 우리는 그것을 보완하여 다시 샘플을 만들어 가지고 갔다. 거절당할 때는 힘이 들었지만, 나중에 생각하니 그들은 우리의 기술을 코치해주면서 우리를 끌고 가려 했던 것이라는 걸 알았다. 그 시기에 나는 앞으로 성공하기 위해서는 삼성과 함께해야 한다는 것을 어렴풋이 느꼈다.

반도체 산업에서 삼성이라는 용, 삼성이라는 거인의 어깨에 올라탔기에 미래의 트렌드를 내다볼 수 있었고, 삼성의 앞선 경영 방식을 배울 수 있었다. 삼성과 같은 거대 기업과 협력하면서 기술적, 영업적, 관리적 측면에서 많은 것을 배울 수 있었고, 삼성과 함께 성장하며 발전의 기회를 얻었다. 그렇게 얻은 통찰은 미래를 준비하고 지속 가능한 성장을 이루는 데 중요한 밑거름이 되었다. 삼성의 품질 지향적 경영 방식과 혁신 정신은 나의 경영 철학에도 큰 영향을 미쳤다.

일반적으로 '용의 등에 올라탄다'라는 것은, 지식과 경험이 풍부한 사람이나 시스템을 통해 더 넓은 시야와 깊이 있는 통찰을 얻는 것을 의미한다. 그 방법은 다양하지만, 내가 경험한 방법 중 개인적으로 이를 실현할 수 있는 몇 가지 방법을 소개하고자 한다.

- **멘토링 관계 맺기**: 존경하는 전문가나 리더와 멘토링 관계를 형성한다. 그들의 경험을 통해 배울 수 있을 뿐 아니라, 예상하지 못한 미래 흐름이나 발전 방향에 대한 시각을 가질 수 있다.
- **다양한 관점을 흡수하기**: 다양한 분야의 책을 읽거나 강연, 토론 등에 참여하면서 다양한 관점을 흡수한다. 특히 경제, 산업, 미래 기술 트렌드에 대해 깊이 있게 다루고 있는 자료들을 접하는 것이 좋다.
- **네트워크 확장**: 분야별 전문가와 네트워킹하면 그들의 통찰력을 나눠 가질 수 있다. 특히 세미나, 콘퍼런스, 커뮤니티 모임 등의 방법으로 필요한 분야의 사람들과 교류하면 나에게 필요한 분야의 흐름을 이해하는 데 도움이 된다.

지피지기면 백전불태,
그러나 지기(知己)가 선행되어야 한다

'지피지기면 백전불태(知彼知己 百戰不殆)'라는 말은 '적을 알고 나를 알면 백 번 싸워도 위태롭지 않다'라는 뜻으로, 춘추전국시대의 군사 전략가 손자(孫子, 기원전 544년~기원전 496년)의 저서 『손자병법』에 담겨 있는 말이다. 이 말은 전쟁에 필요한 전략과 전술의 중요한 원칙이나, 전쟁에서뿐만 아니라 정치, 비즈니스, 일상생활 등 다양한 분야에서 활용할 수 있는 지혜이기도 하다.

그런데 나는 기업 경영에서는 지피(知彼)보다는 지기(知己)가 선행되어야 한다고 생각한다. 상대방보다는 자신을 먼저 알아야 한다는 말이다. 이것은 '너 자신을 알라'고 한 옛 현자(그리스의 소크라테스)의 말과 일맥상통한다. 나의 입장, 회사의 역량이 어느 정도인지, 현재의 위치가 어디인지, 어느 방향으로 가는 것인지를 먼저 알고, 우리 기업이 가지고 있는 역량에 걸맞은 투자나 인사, 복지 정책 등을 시행해야 한다는 것이다.

새롭게 공장을 짓거나 새로운 사업을 시작할 때, 그 사업의 비전이나 외부적 환경을 아는 것(지피)도 중요하겠지만, 먼저 자신이 그 사업을 할 준비가 되었는지, 그 사업을 해나갈 능력이 있는지 아는 것(지기)이 더 중요하다. 특히 유망 기업을 M&A(Merge & Acqusition, 인수합병)할 때 무엇보다도 우리가 가진 능력을 올바르게 분석해야 성공적으로 M&A를 할 수 있다. 가용할 수 있는 자본, 우리의 장점과 단점, 예상되는 문제와 해결책 등을 먼저 철저하게 분석하여 자신에 대해 아는 것이 무엇보다 중요하다. 이처럼 자신에 대한 분석 없이 합병되는 기업의 장점만 보고 M&A를 추진하면 인수합병이 오히려 독이 되어 기존 사업이 어려운 상황에 부닥칠 수도 있다. 두 마리의 토끼를 잡으려다 집토끼까지 놓치는 상황이 발생할 수 있는 것이다.

그러므로 성공적인 전략 수립과 실행을 위해서 '지기'는 매우 중요한 요소이다. 자신에 대해 제대로 이해하지 못한다면, 자신의 강점을 최대한 활용하고 약점을 보완할 수 없을 것이기 때문이다. 아래에 서술하는 스티브 잡스의 사례는 지기의 중요성을 잘 보여주고 있다.

1985년, 스티브 잡스는 자신이 스티브 워즈니악과 공동으로 창업한 애플에서 쫓겨났다. 그러나 잡스가 떠난 후 애플은 점차 경쟁력을 잃고 어려움을 겪게 되었고, 1996년, 결국 애플은 잡스에게 다시 한번 도움을 요청하여 그를 애플의 경영 고문으로 초빙했다.

잡스는 자신의 강점과 약점을 잘 알고 있었기에 자신이 잘하는 분야에만 집중하기로 한다. 그는 자신이 기술적 비전과 디자인 감각, 시장에 대한 직감 부분에서는 강점이 있다고 판단하여 제품 개발 부문에 집중했다. 우선, 복잡하고 다변화된 제품 라인업을 단순화하고, 몇 가지 핵심 제품에 집중하는 전략을 채택했다. 그러한 전략 아래 아이맥(iMac)을 출시하여 혁신적인 디자인과 사용자 친화적인 인터페이스[6]로 큰 성공을 거두었으며, 이어서 아이팟(iPod), 아이폰(iPhone), 아이패드(iPad) 등 애플의 강점을 최대한 활용한 제품을 연이어 출시하면서 제품 개발 측면에서 큰 성공을 거둘 수 있었다.

한편 그는 관리와 운영 부문에서는 자신의 능력이 부족하다고 인식하였고, 이러한 자신의 약점을 보완하기 위해 운영과 관리 측면에서 탁월한 능력을 갖춘 팀 쿡(Tim Cook)을 영입하여 애플의 운영 효율성을 극대화하고자 했다.

스티브 잡스의 전략은 대성공을 거두었다. 애플은 다시 한번 혁신적인 기술 기업으로 자리매김하였으며, 아이폰의 성공으로 스마트폰 시장을 선도하게 되었다.

---

6 사용자가 기기를 쉽게 동작시키기 위해 도움을 주는 시스템을 뜻한다.

- **'지피지기면 백전불태'라는 말은 일반 삶에도 적용할 수 있다.**
- **자기 이해**: 나의 성향, 장단점, 가치관 등을 깊이 이해하는 것은 중요하다. 자기 성찰을 위한 글쓰기나 일기, 또는 성격 유형 검사 등을 통해 더 깊이 자신을 이해할 수 있다.
- **환경 분석**: 내가 속한 환경이나 주변 사람들을 잘 이해하는 것도 중요하다. 가정, 직장, 사회의 흐름을 잘 파악하고 현재 상황이 나에게 미칠 영향 등 자신을 둘러싼 환경을 이해하면, 더욱 신중하게 결정을 내릴 수 있다.
- **관계 속 역할 이해**: 가족, 친구, 동료와의 관계에서 내가 어떤 역할을 하고 있는지 파악하는 것도 '지피지기'의 한 방법이다.
- **목표와 전략 세우기**: 목표를 설정할 때는 자신의 강점과 약점을 이해하고, 이를 보완할 수 있는 전략을 세워야 한다.
- **리스크 관리**: 경제 변화, 건강 문제, 인간관계 등 삶의 다양한 영역에서 예상되는 어려움에 미리 대비하는 습관을 들이면 예상치 못한 상황에서도 대처할 능력이 생긴다.
- **꾸준한 피드백과 개선**: 자기 자신에 대해 알고 상대나 환경을 파악했더라도, 상황은 항상 변하기 마련이다. 따라서 주기적으로 나의 상태와 주변 상황을 점검하고 개선점을 찾는 것이 중요하다.

전략적 혁신의 도구, 벤치마킹

기업이 성장, 변화하고자 할 때는 새로운 아이디어가 필요하다. 그 아이디어를 찾는 방법으로 벤치마킹 기법은 아주 유용하다.

기업 경영에서 벤치마킹은 다른 기업이 성공한 방식을 관찰하고 이를 적절히 변형하여 자사의 상황에 맞게 적용하는 과정이다. 이를 통해 기업은 기존의 한계를 넘어서고, 더 나은 방법을 모색함으로써 경쟁력을 확보할 수 있다. 혁신의 방법으로 벤치마킹은 기업 경영에서 매우 중요한 전략적 도구이다. '하늘 아래 새로운 것은 없다.'라는 말처럼, 많은 혁신은 기존의 성공 사례에서 배운 것을 바탕으로 이루어진다.

내가 도금 사업에 뛰어들 당시 우리나라의 도금산업은 아직 초기 단계에 머물러 있었다. 나는 도금산업이 발전하기 위해서는 반드시 혁신이 필요하다고 생각했다. 혁신하기 위해 고민한 끝에, 도금산업이 발달한 해외 사례를 직접 살펴보고 벤치마킹할 필요가 있다고 판단했다. 이에 우리나라보다 도금산업이 앞서 있다고 알려진 호주, 대만, 일본을 직접 방문하여 현장을 조사하는 출장을 떠났다. 이 해외 출장에서 나는 중요한 사실을 확인할 수 있었다. 바로 도금업 협회의 필요성이었다. 해외에서는 도금업체들이 도금 시장 확대와 업계의 이익을 위해 협회를 조직하여 공동으로 노력하고 있었다. 도금업 협회를 통해 설계 단계부터 도금 방식이 표준 규격으로 채택되도록 유도하고 있었다. 협회를 통해 도금업계의 전체 시장 규모를 키우고, 개별 도금업체들은 제작업체만을 상대로 영업을 하면 되므로 보다 효율적인 시장 구조가 형성될 수 있었다.

이러한 해외 사례를 직접 확인한 후, 나는 국내에서도 도금업 협회의 필요성을 절감했다. 이에 1990년 12월, 부산·경남 지역의 도금업체들을 중심으로 부산·영남 아연용융 도금협회를 설립했다. 그 이후 협회 차원의 영업 활동을 통해 도금 시장의 규모를 확대하고, 도금 산업의 발전을 위해 적극적으로 노력한 결과 국내 도금 산업도 점차 성장할 수 있었다. 협회 활동이 활성화됨에 따라, 영남권에 국한되지 않고 전국적인 규모로 협회의 역할을 확대해야 한다는 필요성이 대두되었다. 이에 따라 한국용융도금협회를 조직하고 초대 회장에 취임했다. 이 협회를 통해 전국적으로 도금업의 위상을 높이고, 업계의 발전을 위한 다양한 활동을 전개하며 국내 도금 산업의 성장을 견인해 나갔다. 이는 해외의 선진 도금산업을 성공적으로 벤치마킹한 결과였다.

- 벤치마킹의 교과서, 이와쿠라 사절단

일본의 이와쿠라 사절단은 벤치마킹의 교과서적인 사례로 꼽힌다. 도쿠가와 막부 시대를 뒤로하고 메이지 유신을 통해 일본이 근대 국가로 전환하려던 시기, 일본은 세계에서 가장 선진화된 시스템을 직접 배우고 이를 자국 상황에 맞게 변형하기 위해 철저한 계획을 세웠다. 이는 벤치마킹의 본질인 타인의 성공 사례를 체계적으로 분석하고, 이를 자국에 맞게 적용하여 새로운 혁신을 창출하는 과정을 보여준다.

1868년 메이지 유신을 단행한 일본에 가장 시급한 과제는 조속한 근대화를 통해 서구 열강에 대항하는 것이었다. 유신파들은 정권을 잡은 후 나라를 어떻게 변화시켜야 서양 국가들처럼 발전시킬 수 있는지를 몰랐다. 그들은 대부분 사무라이 출신으로 우국충정에 불탔지만, 서양 문물에 관해 아는 것은 없었다. 이때 '서양의 제도와 기술을 습득하려면 미국과 유럽에 사절단을 파견하라.'라는 네덜란드 출신 선교사이자 교육자인 귀도 베르벡(Guido Verbeck)의 제안에 따라 정사와 부사 밑에 장관급 3명을 포함한 관료 46명에 사적 수행원 18명, 여성 5명을 포함한 유학생 43명, 도합 107명으로 구성된 대규모 사절단을 파견하게 된다. 이 사절단은 당시 사절단의 특명전권대사인 이와쿠라 도모미의 이름을 따 이와쿠라 사절단으로 불렀다.

이와쿠라 사절단은 1871년 12월 23일, 일본 요코하마를 떠나 1873년 9월 13일 요코하마로 다시 돌아올 때까지 1년 9개월 28일 동안 미국과 유럽 각국을 둘러봤다.

이와쿠라 사절단은 단순히 서구의 체제를 관찰하는 데 그치지 않았다. 약 2년에 걸쳐 미국과 유럽 12개국을 방문하며 정치, 경제, 금융, 교육, 산업, 군사 등 모든 분야를 상세히 조사했다. 미국에서는 민주주의 체제와 산업화 모델을 탐구했고, 유럽에서는 입헌군주제, 관료제, 금융 시스템 등을 깊이 연구했다. 이는 그저 복제가 아니라, 각 나라의 성공 사례를 일본의 실정에 맞게 적용하려는 전략적 학습이었다. 이는 벤치마킹의 핵심인 '맞춤형 적용(Customization)'의 성공적인 사례로 평가된다.

이 사절단의 조사 결과는 메이지 유신의 근간이 되었으며, 귀국 후 사절단 멤버 대부분이 일본 정부의 요직에 진출하여 개혁을 실행했다. 우리나라에는 불행을 안겨준 대표적인 인물인 이토 히로부미도 그 일원이었다.

– 벤치마킹을 할 때 주의할 점

벤치마킹은 이미 검증된 방법을 기반으로 하여, 리스크를 줄이면서 성공 가능성을 높이는 방식이다. 완전히 새로운 시도를 하는 것보다 성공한 사례를 참고함으로써 실패 확률을 줄일 수 있다.

그러나 벤치마킹을 할 때는 주의해야 할 점이 있다. 기술이나 기법을 단순히 도용하거나 모방하는 방식으로 활용하면 법적·윤리적 문제가 발생할 수 있다. 벤치마킹을 통해 단순히 남의 것을 복제하는 것이 아니라, 선진적인 사례를 참고하여 독창적인 발전을 하는 데 초점을 맞추어야 한다.

신규 사업으로 연결하는
혁신의 여정

    기업이 성장·발전하기 위해서 가장 필요하고 중요한 것이 신기술이다. 나는 신기술이나 유망 기술이 언론에 소개될 때마다, 기획 및 연구 부서에 지시하여 반드시 이를 조사하도록 하고 정보를 수집했다. 이러한 정보 수집은 신규 사업을 추진할 때도 반드시 해야 하는 필수적인 활동이며 출발점이다. 신규 사업은 혁신의 모멘텀을 갖는 기회로, 혁신적인 연구 개발을 통해 새로운 가능성을 여는 과정이다.

    정보 수집은 단순히 기술의 존재를 아는 것에 그치지 않는다. 이 기술을 실제 사업으로 연결하는 방법을 찾아야 한다. 수많은 신기술이 개발되었지만 실제로 상업화되거나 인류가 활용하는 기술은 그리 많지 않다. 따라서 기술을 사업화로 연결하는 사람이야말로 진정한 혁신을 이루는 사람이라 할 수 있다.

내 경험에 비추어 신기술을 사업화하는 방법을 살펴보겠다.

먼저 신기술에 대한 분석이 필요하다. 새로운 기술이나 유망 기술의 내용을 조사하고, 이들의 사업화 가능성을 분석한다. 가능성이 있다고 판단되면 다음 단계로 그 기술을 구매하거나 협력을 제안하는 방식으로 사업화 가능성을 찾는다. 기술을 소유한 연구소와 협력하여 기술을 이전받거나, 기술을 소유한 연구소나 기업으로부터 기술을 구매하여 내부 사업에 접목하는 방법이다. 신규 사업을 추진하거나 기술을 확보하는 또 다른 방법은 M&A(인수합병)이다. 시장에 이미 자리잡고 있는 기업이나 유망 기술을 보유한 회사를 인수합병 함으로써 기술을 빠르게 확보하고 사업에 접목하는 것이다.

덕산에서는 많은 신규 사업을 했는데, 그 대표적인 예가 솔더볼 사업이다. 부품 제작이나 도금 등 전통적 제조업을 하고 있던 나에게 솔더볼 사업은 대표적인 신기술 사업이고 기술 집약적 사업이었다. 당시 솔더볼이라는 사업 아이템을 처음 접했을 때, 신기술에 대한 나의 평소의 접근방식과 실행방법 덕분에 신속한 결정과 과감한 실행을 할 수 있었다. 첫째, 평소에 가져 왔던 신기술에 대한 높은 관심은 솔더볼의 기술적 특성과 시장성을 빠르게 이해하고 평가할 수 있게 했다. 둘째, 덕산산업을 경영하면서 쌓은, 사업을 수행하는 데 필요한 실질적 경험과 노하우는 신규 아이템의 사업성을 판단하는 데 확신을 주었다. 셋째, 기획 및 연구 부서와 긴밀하게 협력함으로써 신기술에 대한 자료 수집과 시장 분석을 체계적으로 할 수 있었고 이는 솔더볼 사업의 사업성 판단에 도움이 되었다.

이러한 일련의 과정은 솔더볼에 대한 정보가 단순한 기술이나 아이디어에 그치지 않고 실질적인 수익을 창출할 수 있는 사업으로 발전시키는 데 이바지했다. 솔더볼 사업은 시행 초기에는 많은 어려움이 있었지만 이를 해결한 다음에는 시장에서 경쟁력을 확보하고 매출과 수익을 늘릴 수 있었으며, 궁극적으로는 기업의 성장을 가져오게 하는 모멘텀이 되었다. 이는 새로운 기술과 사업 아이템을 지속해서 탐색하는 태도가 얼마나 중요한지를 보여주는 사례이다.

신기술이나 신규 사업에 관심을 가지는 것은 기업의 생존, 나아가서 성장과 발전을 위한 혁신의 시작점이며, 이를 통해 기업은 변화하는 환경에서 지속 가능한 발전을 이루어낼 수 있다. 신기술이나 신규 사업에 관한 관심은 곧 혁신을 실현하는 강력한 도구라고 할 수 있다.

우리는 끊임없이 변화하는 세상에서 살아가고 있으며, 그 변화

에 민감하게 반응해야 한다. 특히 디지털 분야에서는 매일매일 새로운 버전이 생겨난다. 새로운 것에 얼마나 빨리 대처하는가가 자신의 경쟁력이 된다. 우리는 이를 통해 더 나은 미래를 위한 기회를 잡을 수 있다. 내가 신기술이나 유망 기술을 접할 때마다 그것을 주의 깊게 살펴보고 배우려고 했던 것처럼, 삶에서도 새로운 정보나 경험을 접할 때마다 적극적으로 탐색하고 배우는 태도가 필요하다.

일상에서 새로운 것을 배우려는 노력은 직업에서뿐만 아니라 개인의 일상생활에서도 성장을 끌어낸다. SNS, 독서, 사람들과의 대화, 여행 등을 통해 우리는 지속해서 새로운 정보를 얻고 새로운 관점을 끌어낼 수 있으며, 이를 바탕으로 더 나은 선택을 할 수 있다. 주어진 환경에서 끊임없이 배우고 적응하려는 자세는 삶의 경쟁력을 높이는 중요한 요소가 된다.

매뉴얼이
일을 하게 하라

　기업의 성장 과정에서 꼭 해야 할 일 중의 하나가 회사의 조직과 업무를 체계화하는 것이다. 창업을 한 초기에는 인력도 부족하고 일의 체계도 제대로 잡혀 있지 않기 때문에 사람 위주로 업무를 진행하는 경향이 있다. 그러나 이러한 일 처리 방식은 기업이 성장하며 일의 내용이 복잡해지면 곧 한계가 드러나기 마련이다. 그러므로 기업이 성장해감에 따라 가능한 한 빨리 조직과 업무를 체계화해서 조직 위주로 업무를 진행하는 방식으로 바꾸어야 한다. 조직 위주로 업무를 진행하기 위해서 반드시 해야 할 일은 업구에 관한 매뉴얼을 만들고 매뉴얼에 따라 일이 진행되도록 하는 것이다.

　1990년대 초에 도금 사업을 시작한 지 3년 정도 되었을 때 사업을 확장하기 위해 새로운 시도를 했다. 그때까지 우리가 하던 도금 방식인 아연도금[7] 방식에 추가해 알루미늄 도금[8]을 시도한 것이다. 알루미늄 도금 기술자를 확보하기 위해 수소문해 보니 부산에서 알루미늄 도금을 하던 한 업체가 부도가 나서 유능한 기술자가 놀고 있었다. 그 기술자를 그의 부하 직원 2명과 함께 어렵게 영입했다.

그때 영입한 그 기술자와는 이러저러한 일로 갈등도 많이 겪었지만, 결과적으로 그는 나에게 많은 도움을 주었다. 그가 가지고 온 알루미늄 도금 기술로 우수한 품질의 제품을 생산할 수 있었을 뿐만 아니라, 도금에 관한 그의 탁월한 지식이나 노하우 덕분에 우리가 기존에 취급하던 아연도금도 불량이 감소하고 품질을 안정시킬 수 있었다.

그는 우리 회사에 채용된 처음 얼마간은 일을 잘했다. 그런데 얼마 되지 않아 곧 기술자 특유의 괴팍한 버릇이 나왔다. 1년에 꼭 한두 번 정도는 무단으로 결근하거나 그만두겠다고 버티며 사장에게 애를 먹이는 것이었다.

---

7 아연 도금은 금속(주로 강철)의 표면에 아연(Zn)을 코팅하여 부식을 방지하고 내구성을 높이는 공정이다. 아연은 철보다 먼저 산화되거나 부식되는 성질이 있어, 희생방식을 통해 강철 기판을 보호하게 되고, 이를 통해 제품의 수명을 연장한다.

8 알루미늄 도금은 금속 표면에 알루미늄을 얇게 코팅하여 보호하거나 특정 물성을 부여하는 공정이다. 이는 알루미늄의 내식성, 내열성, 경량성 등의 장점을 다른 금속에 적용하기 위해 사용된다. 도금된 알루미늄 층은 금속 기판을 환경적 손상(예: 산화, 부식)으로부터 보호하는 기능을 한다.

이 일을 겪으며 사람 위주로 일을 하는 대신, 매뉴얼이 일을 하게 해야 한다는 것을 절실히 깨달았다. 이것은 기술자나 전문가에게 지나치게 의존하지 말고 업무에 대한 매뉴얼을 통해 체계적으로 일이 추진되도록 해야 한다는 것이다.

사업 초기에는 전문 기술자나 특정 인력에 대한 의존도가 높을 수밖에 없다. 특히 소규모 기업일수록 기술자의 역량에 따라 성패가 좌우되기도 한다. 이 경우 기술자의 요구나 감정에 의해 회사의 운영이 불안정해질 수 있으며, 기술자에게 휘둘리는 상황이 발생할 수 있다. 기술자가 혹시라도 결근하게 되면 업무에 공백이 생기거나, 그들이 퇴사할 경우 그들에게 의존하던 지식이나 노하우가 송두리째 사라지게 되어 회사가 큰 타격을 입을 수 있다.

이러한 문제를 해결하기 위해 해야 할 일은 회사의 규모를 확장하고 더 많은 인력을 고용하여 특정 기술자 한 명에게 의존하는 업무를 줄이는 것이다. 회사의 규모가 확장됨에 따라 업무를 체계화하고, 개인이 맡은 업무의 범위와 기술을 세분화해서 각각의 업무를 명확하게 정의할 필요가 있다. 또 개인의 업무는 상세한 매뉴얼을 만들어 표준화하는 것이 중요하다.

매뉴얼이 있으면 담당자가 바뀌더라도 일관된 기준으로 업무를 처리할 수 있다. 이는 직원 상호 간의 관계에서 업무 효율성을 높이고, 실수를 줄여 준다. 신입 직원도 매뉴얼을 이용하면 빠르게 업무에 적응할 수 있다. 이는 기존 직원의 이동이나 퇴사에 따른 업무 공백을 줄여 주고, 신입 직원이 즉각적으로 업무에 투입될 수 있도록 만든다. 매뉴얼에 명시된 절차에 따라 업무를 수행하게 되면 직원들 사이의 책임 범위가 명확해지고, 이는 업무 수행 과정에서 발생할 수 있는 오해나 갈등을 최소화하는 데 기여한다.

매뉴얼을 만드는 과정은 쉽지 않지만, 장기적으로 회사의 안정성을 보장하는 중요한 작업이므로 반드시 해야 할 일이다. 이를 위해서는 먼저 각 업무 프로세스를 분석하고, 그 과정에서 필요한 절차와 기술을 세세하게 문서로 만들어야 한다. 그다음 각 직원이 매뉴얼에 따라 업무를 수행해 보는 테스트 과정을 거치면서 수정과 보완을 통해 최종 매뉴얼을 완성한다.

매뉴얼화된 업무 시스템에서는 특정 기술자가 없더라도 동일한 품질의 업무가 지속될 수 있다. 이는 기술자와 회사 간의 균형을 맞추고, 경영진의 통제력을 강화할 수 있는 중요한 요소가 된다.

결론적으로, '매뉴얼이 일을 하게 하라'라는 원칙은 특정의 기술 인력에 대한 지나친 의존에서 벗어나 회사의 운영을 체계적이고 일관성 있게 만들 수 있는 중요한 방법이다. 이를 통해 기업은 안정성을 확보하고, 더욱 효율적이고 전문적인 조직으로 거듭날 수 있다. 기업의 안정성은 기업이 새롭게 혁신을 시도할 때 단단한 기반이 된다.

'매뉴얼이 일을 하게 하라'라는 원칙을 일상적인 삶에 적용하는 것은 삶을 좀 더 체계적이고 목적 지향적으로 만들 수 있게 하는 철학이자 접근 방법이다.

일상적인 삶에서 매뉴얼을 적용하는 것은 자기 관리의 개념으로 확장될 수 있는데, 이때 매뉴얼이란 단순히 '해야 할 일'의 목록이 아니라 의사 결정의 기준을 마련하는 것이다. 인간은 종종 감정적으로 판단을 내리거나, 상황에 따라 변동성 있게 반응한다. 그런데 규칙이나 체계적인 매뉴얼을 만들면, 매번 감정이나 기분에 따라 결정하지 않고 일관된 기준에 따라 행동할 수 있다.

이 원칙은 자기 계발에서도 중요한 역할을 한다. 자기 계발 과정에서 중요한 것은 '무엇을 할지'와 '어떻게 할지'에 대한 명확한 시스템이다. 매일 할 일을 구체적으로 정리하고, 그것을 실천할 수 있는 루틴을 만드는 것이 성장의 핵심이 된다.

본업에 충실하라
기업가라면 철저한 기업가가 되라

　기업 경영에서 본업에 충실한 것은 성공적인 경영의 중요한 원칙 중 하나다. 본업에 충실하다는 것은 기업의 경영자가 기업 경영 외의, 기업 경영과 직접적인 관계가 없는 활동에 한눈을 팔지 않는다거나, 기업이 핵심 사업에 집중하고 이를 통해 안정적이며 지속 가능한 성장을 이루는 것을 의미한다. 그런데 많은 기업이 본업에 충실하지 않고 소위 외도를 하여 어려운 상황에 몰리는 경우가 있다. 본업에 충실하지 않는 경우는 다음 세 가지로 나누어 생각해 볼 수 있다.

　첫째, 본업에 집중하지 않고 부동산이나 투기성 자산에 투자하여 단기적 수익을 노리는 것이다. 이러한 투자는 경기 변동에 민감하며, 경제 상황이 악화하는 경우 기업 전체에 심각한 재정적 손실을 초래할 수 있다.

둘째, 기업가가 본업에 충실하지 않고 정치 등 다른 활동에 뛰어드는 것이다. 기업 경영과 정치 활동을 병행하는 과정에서 기업의 운영에 집중하지 못하는 상황이 발생할 수 있다. 그렇게 되면 기업 경영의 안정성과 지속 가능성을 해칠 수 있다.

셋째, 기업이 본업과 연관성이 낮은 산업에 투자하면, 경영의 복잡성이 증가하고 핵심 역량이 분산되면서 장기적인 경쟁력을 유지하기 어려워진다.

기업가나 기업이 본업에 충실하지 않을 경우 어려움에 직면할 수 있다. 기업 경영이 성공하기 위해서는 핵심 사업에 집중해야 한다. 기업은 자신의 고유한 강점을 강화하고 이를 통해 경쟁력을 높여야 한다. 기업은 본업에 집중함으로써 자신의 강점을 강화하여 혁신을 이루고, 경쟁력을 높일 수 있다.

그러므로 기업가는 뼛속까지 철저하게 기업가가 되라고 말하고 싶다. 기업도 하고 부동산 투자도 병행하고 정치계에 한 발을 디디며, 자기 기업을 보호하려는 방식은 기업의 생명을 단축시킬 수 있다. 정치 상황은 언제라도 변할 수 있기 때문이다. 그런 방식으로 경영하는 것은 기업의 경쟁력도 저하시키며 임직원들이 한 방향으로 향하게 하는 마음을 얻는 데도 어려울 수 있다.

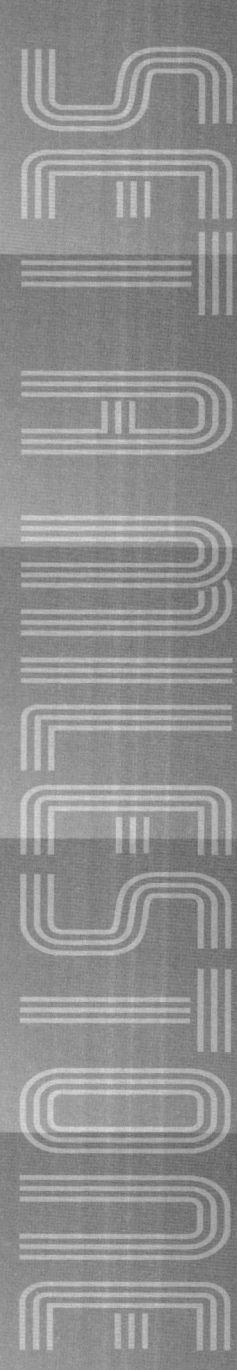

3장

미래 비전을
실현하기 위한
기업가의 경영 철학

미래 발전 인자를 찾는 성장 지향적 기업가는 변화하는 시장 환경과 기술 발전 추세를 예리하게 관찰하고 미래를 예측하며 장기적인 성장을 목표로 한다. 이를 위해서는 지속 가능한 성장에 대한 비전을 가지고 이를 실현하려는 일관된 태도와 자세를 견지해야 한다. 기업가의 비전과 이를 실현하기 위한 일관된 태도와 자세는 기업가가 기업 경영에 대한 명확한 철학을 가지고 있을 때 나오는 것이다. 이번 장에서는 기업가의 경영 철학의 바탕이 되는 경제 이론과 철학 사상에 관해 서술한다.

한비자의 사상과
자본주의의 유사점

한비자[1]의 사상은 나의 기업 경영 철학의 한 축을 담당하고 있다. 나는 한비자의 법가 사상이 전국 시대의 혼란을 해소하기 위해 현실적인 통치 방안을 제시했다는 점에서 중요한 의미를 지니고 있다고 생각하는데, 특히 법가 사상의 실용성과 효용성에 주목한다. 항간에 법가 사상이 통치 기술을 도덕보다 우선시하기 때문에 도덕성을 중시하지 않는다는 비판이 있으나 나는 그렇지 않다고 생각한다.

유가 사상과 법가 사상은 춘추전국시대의 대표적인 철학적 체계

---

1 한비자(韓非子), 본명 한비(韓非), 기원전 280년경~기원전 233년. 중국 춘추전국시대 말기 법가 사상을 집대성한 철학자로, 법(法), 술(術), 세(勢)를 통해 국가를 통치해야 한다고 주장했다. 특히 법에 의해 백성을 다스려야 하며, 군주가 신하들을 효과적으로 다스리기 위해 술을 활용하고, 자신의 권위를 확립하기 위해 세를 행사해야 한다고 강조했다.

이지만 각기 다른 관점에서 사회를 바라보았다. 유가 사상은 인간 본성의 선함을 믿고 도덕적 수양을 강조하며, 이상적인 사회 질서는 도덕적 리더십과 사회적 책임을 통해 이루어진다고 주장했다. 반면, 법가 사상은 인간 본성을 이기적이고 자기중심적이라고 보았고, 이를 통제하기 위한 법과 권력의 중요성을 강조했다. 법가 사상은 사회를 효과적으로 통치하기 위해서는 법과 권력을 통해 사회 질서를 유지해야 한다고 했으며, 실용성과 효율성을 중시했다. 한비자의 사상은 실용성과 효율성을 중시했지만 도덕의 중요성도 배제하지 않았다.

한비자는 "이익이 있는 곳에 백성이 모여들고 명예가 있는 곳에 선비들이 목숨을 건다."[2] 라고 말한다. 이것은 이익이나 명예를 추구하는 인간의 본성이 인간을 움직이는 원동력이라는 것으로, 한비자는 그중 이기심을 더 중시하였다. 한비자에 따르면, 인간은 이익이나 욕망을 추구하며, 그 자체가 나쁜 것은 아니다. 그는 이익을 유가, 묵가, 도가와 달리 가치 중립적인 것으로 보며, 당연한 것으로 여기면서 절대 불온시하지 않는다. 즉, 개인의 이기심을 비도덕적인 것이 아니라고 본 것이다. 개인의 이익 추구가 비도덕적이라는 시각이 일반적이었던 당시 사회에서, 개인의 이익 추구를 긍정적으로 바라본 것은 파격적이었다.

---

2 『한비자(韓非子)』 외저설 좌상(外儲說 左上)에 나오는 말이다.

이러한 점에서 한비자의 사상은 영국의 경제학자인 애덤 스미스의 사상과 궤를 같이한다. 애덤 스미스는 '인간은 기본적으로 이기심을 가지고 있고 이러한 이기심으로 자신의 이익을 추구하지만, 개인의 이익 추구가 궁극적으로는 사회 전체의 부의 증대로 이어진다.'라고 주장했다. '보이지 않는 손'이 작용한 결과이다. 따라서 애덤 스미스는 개인의 이기심을 비도덕적인 것으로 보지 않았고 오히려 자본주의 발전의 원동력이라고 보고 있다. 자본주의 사회에서는 이익 추구가 경제활동의 핵심이며, 경제 발전을 위한 필수적인 활동으로 인식한다. 개인의 이익 추구를 비도덕적인 행위로 보지 않는다는 점에서 한비자의 사상은 자본주의 사상과 동일선상에 있는 것이다.

한비의 저서 『한비자』[3]는 군주를 중심으로 한 통치체계를 기정사실로 하고, 개인의 이기심에 대한 관점에서 자본주의 사상과 유사한 사상을 담고 있어서 공산주의 국가인 중국에서는 금서로 지정되었다. 그러나 흥미롭게도 등소평이 『한비자』를 몰래 읽었다는 설이 있다. 등소평은 중국을 경제적으로 발전시키기 위해 개혁, 개방을 추진했다. 그는 실용성과 효율성을 중시한 정책들을 추구했으며, 권력 중심의 관리 방식을 강조했는데, 이는 한비자의 법가사상과 일정 부분 궤를 같이한다. 등소평이 『한비자』를 읽은 이유

3　중국 전국 시대 한비 등이 쓴 책으로 법가 사상을 집대성하고 있으며, 이 책은 중국 고전시대 다른 많은 책처럼 집단적 저작물이다.

는, 공산주의가 이론적으로는 도덕적 이상을 내세웠지만, 실제로는 실질적인 통제와 효율적인 관리가 필요했기 때문일 수 있다. 그것은 그가 흑묘백묘론을 주장하며, '고양이가 검든 희든 쥐만 잘 잡으면 된다.'는 실용주의적 태도를 보인 것에서도 알 수 있다. 등소평의 이러한 실용주의적 사고는 인민들이 더 나은 삶을 살게 하는 방편으로 사회주의의 바탕 위에서 자본주의 시장경제 이론을 접목하는 접근 방식을 채택하게 했다. 사회주의와 자본주의가 공존하는 이러한 방식은 매우 파격적이었고, 그 시대의 경제체제와 이념적 한계를 뛰어넘는 도전적인 사고였다.

결론적으로 한비자의 법가 사상과 자본주의 사상은 비록 역사적, 문화적, 사회적 맥락은 다르지만, 인간 본성에 대해 현실적으로 인식하고, 또 실용성과 효율성을 중시한다는 점에서 공통점이 있다고 본다.

나는 그런 차원에서 실용주의에 기초한 한비자의 철학 체계를 기업 운영에 활용했다. 자본주의 사회에서 기업가가 이기심을 가지고 이익을 추구하는 것은 당연하다고 생각했다. 하지만 그 방법이 도덕적 범주를 벗어나서는 안 된다고 생각했기 때문에 나는 도덕적 선을 지키며 기업을 운영하고자 했다.

정도 경영
시부사와 에이이치의 "한 손에는 논어를, 한 손에는 주판을"

"한 손에는 논어를, 한 손에는 주판을." 이 말은 일본 자본주의의 아버지로 불리는 근대 일본의 관료이자 기업가였던 시부사와 에이이치가 1916년 출판한 저서 『논어와 주판』에서 자신의 경영 철학을 나타낸 말로, '기업 경영에서는 이윤 추구와 도덕적 책임을 동시에 추구해야 한다.'라는 뜻을 담고 있다. 이는 기업 경영에서 매우 중요한 원칙이자, 내가 살아온 방식과도 일맥상통한다. 나는 오랫동안 덕산그룹을 이끌며, 정도(正道)를 지키는 경영을 최우선으로 삼았다. 돈은 중요하지만 그것이 전부가 아니며, 윤리적 기반 없이 추구한 이익은 결코 진정한 성공을 가져다주지 못한다고 믿었기 때문이다.

많은 사람이 돈을 최고의 가치로 여긴다. 그러나 돈만이 행복의 기준은 아니다. 돈이 아무리 많아도 진정한 행복을 느끼지 못하는 사람을 우리는 자주 목격한다. 나는 진정한 행복이란 정도를 걷는 데서 온다고 확신한다. 돈은 우리의 삶을 풍요롭게 할 수 있지만, 눈앞의 이익이 도덕적 기준을 넘어서면 그 돈은 결국 우리를 파멸로 이끈다.

기업 경영도 마찬가지이다. 이윤을 추구하는 것은 당연한 목표지만, 그것이 정도에 어긋난 방법으로 이루어진다면, 결국 그 기업은 내적, 외적으로 위기에 처할 수밖에 없다. 마치 작은 풀씨가 자라 큰 잡초가 되듯, 사소한 비윤리적 결정이 시간이 흐르며 큰 문제로 이어질 수 있다. 그래서 나는 '아무리 작은 부정이라도 결코 허용하지 않겠다.'는 원칙을 고수해왔다.

시부사와 에이이치의 철학이 그러했듯, 나는 기업을 경영하면서 항상 주판과 논어를 양손에 들고자 노력했다. 한 손에는 주판을 들고 이윤을 계산하되, 다른 손에는 논어를 들고 도덕적 기준을 지키는 것이야말로 지속 가능한 경영의 길이라 생각한 것이다. 덕산그룹이 성장할 수 있었던 비결도 바로 이 원칙에 있다. 정도를 지키며 임직원과 고객, 그리고 사회의 신뢰를 얻어 왔고, 이는 곧 우리 기업의 가장 큰 자산이 되었다.

실제 경영 현장에서 유혹은 끊임없이 찾아온다. 특히 급격한 성장이나 단기적인 성과가 필요할 때는 정도를 벗어난 방법을 선택하기 쉽다. 하지만 나는 그런 유혹에 흔들리지 않도록 늘 마음을 다잡았다.

정도 경영은 단지 도덕적인 명분에 그치지 않는다. 이는 실질적인 경영 전략이다. 윤리적이고 투명한 경영을 통해 고객의 신뢰를 얻으면 그 신뢰는 곧 기업의 성과로 이어진다. 덕산그룹 역시 정도 경영에 따른 고객과의 신뢰를 바탕으로 더 많은 기회를 얻었으며, 내부적으로도 직원들이 자부심을 품고 일할 수 있었다. 그 결과, 기업은 더 강해지고 안정적인 성장을 이룰 수 있었다.

정도 경영은 사회적으로도 의미가 크다. 기업이 윤리적이고 공정한 원칙에 따라 운영된다는 것은 기업 자체뿐만 아니라 사회 전체에도 긍정적인 영향을 미친다. 정도 경영을 통해 기업은 단순한 이윤 창출을 넘어, 환경 보호, 사회적 약자 지원, 공정한 노동 환경 조성 등의 사회적 책임을 다할 수 있게 된다. 윤리적 경영을 추구하는 기업이 늘어나면, 경제 시스템 내에서도 투명성과 공정성이 강화되어 장기적으로 사회의 경제적 안정성을 높이는 데 기여할 수 있다.

덕산그룹을 이끌면서 이러한 철학은 나뿐만 아니라, 우리 가족과 기업, 그리고 덕산그룹의 모든 구성원의 행복을 지켜주는 기반이 되었다. 돈은 중요하고 그것이 우리 삶의 여러 부분을 바꿀 수 있지만, 그보다 중요한 것은 올바른 길을 걷는 것이다. 시부사와 에이이치가 강조한 것처럼, 주판과 논어를 함께 들고 균형을 유지하는 것이야말로 기업 경영의 성공적인 길이며, 나와 덕산그룹이 앞으로도 걸어갈 길이다.

  정도 경영은 그저 선택의 문제가 아니라, 기업이 오랫동안 존속하고 번영할 수 있는 유일한 길이다. 오늘의 내가, 그리고 덕산그룹이 있는 것도 정도 경영의 정신이 있었기 때문으로 생각한다. 앞으로도 나는 이 원칙을 지키며 살아갈 것이다.

  돈은 우리의 삶을 편안하고 풍요롭게 만들며 다양한 선택지를 고를 수 있게 해 주는 중요한 도구이다. 생활의 질을 높이고 목표를 이루는 데 필요한 자원으로서 돈은 많은 이점이 있다. 하지만 비도덕적이거나 불법적인 방식으로 이를 획득한다면, 이는 우리 삶의 여러 측면을 위협할 수 있다. 부정하게 얻은 돈은 일시적인 성취감은 줄 수 있지만, 그로 인해 내면의 평화가 흔들리고, 자부심과 자존감을 상실하게 될 가능성이 커진다.

  예를 들어, 법적 문제에 얽히거나 주변 사람들로부터 신뢰를 잃게 될 위험이 커지며, 그렇게 되면 나중에 큰 대가를 치르게 될 수 있다. 또한, 우리의 인생을 복잡하게 만들고, 결국 후회와 불안을 남기게 되는데, 이는 삶의 안정감과 행복을 해치는 주된 요인이 된다.

  결국, 돈은 중요한 자원이지만, 그것을 얻고 사용하는 방식이 더욱 중요하다. 돈이 진정한 행복과 가치를 가져다주려면, 도덕적 기준을 지키면서 정당한 방법으로 얻어야 한다. 이러한 방식으로 얻은 돈은 더 큰 자부심과 내면의 평화를 주며, 장기적으로 건강한 인간관계와 지속 가능한 성공을 이루게 한다.

마쓰시타 고노스케의 헝그리 정신

역경을 성공으로 만드는 정신

전자기기 회사인 파나소닉(前 마쓰시타 전기산업) 회장으로, 일본에서는 경영의 신으로 불리는 마쓰시타 고노스케는 자신이 살아온 경험과 철학을 통해 많은 사람에게 영감을 주었다.

"타고난 고난은 고난이 아니며 삶의 일부분일 뿐이다. 나는 공부를 못하고 무식해서 남의 말을 경청해서 지식을 얻었다. 나는 원래 약했기에 열심히 운동을 해서 체력을 길렀다. 나는 원래 가난했기에 열심히 일하지 않고는 잘 살 수 없다고 생각해서 열심히 일했다. 그래서 결과적으로 내 능력은 향상되었다."

이 말은 세계 제2차 대전 후 전쟁에 패한 일본이 경제적으로 극심한 어려움에 부닥쳤을 때 그것을 극복하고 다시 일어서 경제 발전을 이루는 데 중추적 역할을 한 정신적 원동력, 소위 헝그리 정신을 보여주고 있다. 마쓰시타 고노스케는 인생에서 겪는 고난과 어려움을 피할 수 없는 삶의 일부로 받아들이고, 오히려 자신을 발전시키는 계기로 삼았다. 그는 자신이 공부를 잘하지 못하고 무식했다고 인정하면서 이를 극복하기 위해 남의 말을 경청하고 지식을 쌓았다. 체력이 약했기에 운동을 통해 이를 강화했고, 가난했기에 열심히 일을 하여 부를 축적할 수 있었다. 결과적으로, 이러한 노력과 다양한 경험은 그의 능력을 크게 향상시키는 결과를 낳았다. 결핍을 오히려 자신을 더욱 강하게 만들 기회로 생각하는 역발상을 하여 결핍을 해결하려고 열심히 노력해서 결국 성공을 이룬 것이다. 마쓰시타 고노스케의 이러한 철학은 어려운 상황에서도 긍정적인 마음가짐과 끈기를 가지고 노력하는 정신력, 소위 헝그리 정신의 중요성을 보여준다.

'헝그리 정신'이란 '끼니를 잇지 못할 만큼 어려운 상황에서도 꿋꿋한 의지로 역경을 헤쳐나가는 정신'을 비유적으로 이르는 말로, 어떤 난관에도 굴하지 않고 자기 자신을 이겨내는 '극기 정신'을 말한다.

마쓰시타 회장은 삼성과 LG를 예로 들며 한국이 한강의 기적을 이룬 것은 헝그리 정신으로 무장했기 때문이라고 말했다. 한국은 급격한 경제 성장을 이루었는데 그 과정에서 국제 경쟁력 강화와 글로벌 시장 진출을 중요한 과제로 여겼다. 그래서 한국의 많은 젊은이들은 해외 경험을 중요하게 생각하고, 해외 생활의 여러 가지

어려움에도 불구하고 적극적으로 해외로 나가고자 했다는 것이다. 반면, 일본의 젊은이들은 일본이 1960년대 이후 30여 년간 고도성장을 이룬 후 경제적 안정 속에서 힘이 드는 해외 근무를 피하고 안정을 추구하는 경향이 강해졌다고 질타했다. 그는 일본 사회가 전후 폐허에서 일어선 강인한 정신을 잃어버렸다고 개탄했으며, 일본이 경제를 회복하기 위해서는 일본 젊은이들이 헝그리 정신을 되찾아야 한다고 경고했다.

마쓰시타 고노스케가 예로 든 위의 이야기는 일본과 우리나라 젊은이의 의식의 차이를 잘 보여주고 있다. 그렇지만 마쓰시타 고노스케가 이야기한 헝그리 정신은 우리나라에서도 과거보다 많이 약해졌다. 경제적 안정이 찾아오고, 세대가 바뀌면서 이러한 정신은 점점 희석되고 있는 것이다. 우리나라의 젊은 세대는 과거와 달리, 이를 악물고 힘들고 어려운 목표를 달성하고자 하기보다는, 편안함과 개인적 만족을 중시하는 경향이 강해졌다. 그 결과, 목표를 향해 헌신적으로 달려가는 헝그리 정신이 과거보다는 많이 약해졌다고 생각한다.

하지만 마쓰시타 고노스케의 교훈은 여전히 우리에게 시사하는 바가 크다. 성공한 기업인들에게는 헝그리 정신이 공통으로 깃들어 있으며, 이 정신은 그들의 지속적인 발전과 성장을 이끄는 원동력이 된다. 이는 대기업이든 중소기업이든, 혹은 자영업이든 모든 기업의 경영자에게 동일하게 적용된다. 열정과 헝그리 정신으로 무장하지 않은 기업은 일시적인 성공은 거둘 수 있을지 돌라도, 장기적으로 지속 가능한 발전을 이루기는 어렵다.

  나는 덕산을 경영하면서 많은 어려움을 겪었다. 다른 말로 하면 결핍이다. 나는 그 결핍을 헝그리 정신으로 극복했다. 결핍을 기회로 활용한 것이다. 따라서 이 교훈을 다시금 되새길 필요가 있다. 헝그리 정신은 단순한 물질적 부족에서 오는 것이 아니라, 더 나은 자신을 향한 갈망과 끊임없는 자기 계발에서 비롯되는 정신이다. 그런 헝그리 정신의 회복이 이 시대에 무엇보다 중요하다.

  헝그리 정신은 결핍이 단점뿐이 아니며, 결핍을 오히려 성장의 기회로 삼을 수 있다는 것을 알려준다. 이러한 정신을 따르자면, 일상에서 자신이 부족하다고 느끼는 부분이 있다면 이를 인정하고 개선하기 위해 노력해야 한다. 예를 들어, 지식이 부족하다고 느낀다면 그 분야를 공부하는 계기로 삼고, 체력이나 건강이 부족하다면 운동 습관을 들여 나아질 수 있다. 헝그리 정신은 스스로 결핍을 채우고 성장하는 데 집중하는 태도이다.

  삶의 어려움이나 부족함을 절대 회피하지 않고, 이를 자산으로 여기며 자신의 잠재력을 최대한 발휘하는 태도는 헝그리 정신의 핵심이다. 특히 삶에서 마주치는 도전을 두려워하거나 실패를 자책하지 않고, 오히려 그것들을 통해 더 강하고 지혜롭게 나아갈 방법을 찾는다면 그 자체로 큰 발전을 이룰 수 있다. 결국, 헝그리 정신은 부족함을 삶의 일부분으로 받아들이고, 그것을 넘어서려는 의지와 노력으로 삶을 더 나은 방향으로 이끌어가는 것이다. 이것은 내가 부족하다는 겸손과 겸허함에서 출발한다.

기업 경영의 관점에서 해석한
주요 경제학자의 경제이론

나는 대학에서 경제학을 전공했다. 대학에서 공부한 경제이론은 기업 경영을 하는 데 많은 도움이 되었으며, 나의 경영 철학의 뿌리가 되었다. 경제 이론이라면 어렵다는 선입견을 품을지 모르나, 경제 이론을 어느 정도 알아두고 살면 세상 사는 이치를 더 잘 이해할 수 있다. 그런 의미에서 여기서는 이 책을 읽는 독자들이 쉽게 이해할 수 있도록 주요 경제학자들의 경제 이론을 서술하고자 한다.

근대 이후의 경제 이론은 경제적 자유주의(고전적 자본주의), 사회주의, 그리고 수정자본주의라는 세 가지 큰 흐름으로 이해할 수 있다. 먼저 애덤 스미스는 그의 저서 『국부론』에서 자유방임주의 경제를 강조했는데, 이는 경제적 자유주의의 가장 기본적인 이념으로 개인의 자유로운 경제활동을 허용해야 한다는 것이다. 반면, 마르크스는 자유주의 경제 체제에서 발생하는 빈부 격차에 주목했다. 경제적 자유주의(자본주의)에서는 빈부 격차가 발생할 수밖에 없고, 자본주의가 충분히 성숙하여 빈부 격차의 사회문제가 극대화되면 계급투쟁이 필연적으로 발생하게 되는데, 이를 촉진하기 위한 사회주의 혁명을 강조했다. 그러나 자본주의 체제 내에서도 자본주의의 문제점을 해결할 방안으로 개인의 경제활동에 정부의 개입을 허용하는 케인즈의 수정자본주의가 대안으로 떠올랐다. 케인즈는 자유시장경제가 자본주의 자체에 내재하는 문제점과 불황, 그리고 실업 문제를 스스로 해결하지 못하므로, 정부가 개인의 경제활동을 통제하거나 재정 지출 등을 통해 경제문제에 적극적으로 개입해야 한다고 주장했다.

위에서 언급한 경제학자들의 이론을 좀 더 자세히 살펴보자.

- 애덤 스미스

애덤 스미스는 1776년에 출간한 자신의 저서 『국부론(The Wealth of Nations)』에서 개인이 자신의 이익을 자유롭게 추구하는 과정에서 사회 전체의 경제적 번영이 자연스럽게 이루어진다고 했다. 사람들은 본능적으로 자신의 경제적 이익을 극대화하려고 하며, 이러한 개인적 동기가 시장에서 생산과 소비를 조절하게 된다. 개인이 자신의 이익을 추구하는 과정에서 수요 공급의 법칙에 따라 가격이 결정되고 자원이 배분되게 되는데, 이때 '보이지 않는 손'에 의해 사회 전체가 가장 효율적으로 자원을 활용하게 된다는 것이다.

'보이지 않는 손'은 시장이 스스로 균형을 이루도록 하는 자생적 조절 기능을 의미하는데, 이 '보이지 않는 손'에 의해 정부나 외부의 개입 없이도 시장에서는 자연스럽게 최적의 자원 배분이 이루어지고 경제적 효율성이 높아진다는 것이다.

가령, 어떤 상품의 수요가 증가하면, 그 상품의 가격이 오르게 된다. 그러면 공급자들은 더 많은 이윤을 얻기 위해 그 상품을 더 많이 생산하게 된다. 이렇게 증가한 공급은 상품의 가격을 안정시키고, 수요가 증가한 만큼 부족해진 공급을 채워준다. 이러한 과정이 정부의 개입 없이도 시장에서 자동으로 이루어진다는 것이 '보이지 않는 손'의 개념이다.

재미있는 것은 애덤 스미스의 사상에는 앞에서도 언급한 바 있듯이[4] 한비자의 사상과 유사한 점이 있다는 것이다. 시대적으로 2,000년 이상 차이가 나지만, 본질에서 일맥상통하는 부분이 있다. 한비자는 수레 제조업자가 진정으로 원하는 것은 사람들이 부자가 되는 것이라고 보았다. 부자가 많아야만 더 많은 사람이 수레를 구매할 것이기 때문이다. 이는 현대의 고급 승용차 소비 시

---

4 이 장 1절 한비자의 사상과 자본주의의 유사점 참고

장에서의 경제주체의 행동 원리를 설명하는 것과 동일하다. 즉, 경제주체 각자는 자신의 이익을 위해 경제활동을 하며, 이러한 개별적 이익 추구가 궁극적으로 사회 전체의 발전을 가져온다고 본 것이다.

애덤 스미스 또한 같은 관점을 제시했다. 우리가 저녁 식사를 할 수 있는 것은 푸줏간에서 고기를 공급하고, 빵집에서 빵을 만들고, 양조장에서 술을 제조했기 때문이다. 하지만 이들 업자는 우리의 감사함을 기대하며 생산하는 것은 아니다. 그들은 철저히 자신의 이익을 위해 경제활동을 하고 있으며, 그 결과로 사회 전체가 발전한다. 이러한 원리가 바로 애덤 스미스의 '보이지 않는 손'의 개념이다. 한비자는 이미 수천 년 전에 이와 유사한 생각을 했다. 한비자의 사상은 비록 개인의 희생을 강조하는 한계가 있었지만, 개인의 이익 추구가 궁극적으로 국가와 사회의 발전을 이끈다고 주장한 점에서 애덤 스미스의 사상과 일맥상통한다고 하겠다.

– 마르크스

자유주의 경제체제에서 산업혁명으로 엄청난 생산이 이루어졌고, 따라서 자본가는 살찌고 노동자는 가난한 상황인 빈부 격차 현상이 심화되었다. 이러한 사회적 빈부 격차에 반감을 품은 사상이 마르크스주의 또는 사회주의 사상이다. 마르크스는 자본주의는 그 자체의 결함 때문에 빈부 격차 현상이 심화되고 이에 따라 필연적으로 유산자와 무산자의 계급투쟁이 발생한다고 보았다. 따라서 경제적 평등을 이루기 위해서는 자본주의를 붕괴시켜야 하며 이를 촉진하기 위해서 사회주의 혁명을 이루어야 한다고 주장하였다.

그러나 세월이 흐르고 나서 보니 사회주의 이론은 자본주의 이론에 비해 경제를 발전시키지 못한다는 결과가 나왔다. 개인의 노력과 상관없이 보상이 같게 되는 구조에서는 근로자들이 더 나은 성과를 내기 위한 동기가 약해질 수밖에 없다. 인간은 소유 욕구가 있는데, 생산량이 많든 적든 골고루 분배한다면 누가 열심히 일할 것인가? 이것이 사회주의의 맹점이다.

프랑스에서는 정직한 사람은 사회주의 좌파 이론을 따르지 않는다는 말이 있다. 만약 좌파 이론을 따르는 사람이 있다면 그는 정직하지 못하거나 머리가 나쁜 사람이라고 말한다. 자본주의는 사회주의와 비교하여 역사적으로 이미 그 우월성이 입증되었기 때문이다. 머리가 좋은 사람은 사회주의가 좋지 않다는 걸 이미 알고 있으며, 그런데도 사회주의를 채택하는 것은 정직하지 못한 일이 된다. 사회주의가 좋지 않다는 걸 모른다면 그 사람은 머리가 나쁜 사람이 되는 것이다. 마르크스의 이론에 대해서는 '기업가의 사회적 역할'에서 자세하게 다루기로 한다.

- 케인즈

자유방임주의의 대척점에서 자유주의 경제의 한계점을 보완하고자 한 경제학자가 케인즈[5]이다.

애덤 스미스의 이론은 자본주의 시장경제의 자율성과 효율성을 강조하고 있지만, 자본주의에는 자본주의 자체의 문제점이 내재한다. 그중 몇 가지를 살펴보면 다음과 같다. 그 첫째가 공유지의 비극으로 주인이 없는 목초지에서는 소가 풀을 마구 뜯어 먹게 되어 나중에는 목초지가 황폐해진다는 것이다. 결국, 이익을 추구할 기반 자체가 사라지는 모순에 직면한다. 둘째는 구성의 모순으로, 개인적으로는 최적의 경제활동이 사회 전체적으로는 최적 상황이 되지 않거나, 사회 전체적으로 최적 달성을 이루고자 하는 경우 개인의 경제활동은 최적이 되지 않는 경제 구조가 있다는 것이다. 개인이 소비를 줄이고 절약을 하는 것은 자신에게는 최적의 경제활동이 될 수 있으나, 모든 구성원이 소비를 줄이면 사회 전체적으로 수요가 감소하여 생산이 줄어들고 생산자의 소득이 줄어들게 되므로 사회 전체적으로는 최적 상황이 될 수 없는 구조적인 모순이 있는 것이다. 셋째, 유효수요 창출의 필요성이다. 시장에 충분한 수요가 없으면 경제활동이 약해지게 되므로 이때에는 수요를 진작시키기 위해 시장의 자율적인 활동에만 의존할 수 없고 인위적인 개입이 필요하게 된다는 것이다. 결국, 자유주의 경제체제는 스스로 내재된 문제점이 존재하므로 한계가 있다고 할 수 있다.

---

5   케인즈(John Maynard Keynes, 1883~1946)

1929년대에 미국과 전 세계에 몰아친 대공황은 앞에서 언급한 자본주의 경제의 내재적 문제점인 시장 실패에서 기원했다. 이때 케인즈는 "시장은 과잉 공급 상태에 빠져있으며 더는 공급이 그만큼의 수요를 창출하지 못하니 인위적으로 정부가 개입하여 유효수요를 창출해야 한다."라는 수정자본주의 이론을 제시하게 된다.

　케인즈는 자본주의 경제에서 불황이 발생하는 주요 원인으로 유효수요의 부족을 꼽았다. 유효수요가 부족하면, 기업들은 상품을 팔 수 없으므로 생산을 줄이고, 이로 인해 고용도 감소하게 된다. 결과적으로 실업이 증가하고 경제는 침체 상태에 빠진다. 이처럼 민간 부문이 스스로 회복하기 어려운 상황일 때, 정부가 개입해 유효수요를 인위적으로 늘려야 한다고 주장했다. 정부가 공공사업을 통해 일자리를 창출하거나, 세금 감면, 직접적인 재정 지출 등을 통해 소비와 투자를 촉진함으로써 경제를 회복시킬 수 있다는 것이다.

　대공황 시절, 미국의 프랭클린 D. 루스벨트 대통령은 케인즈의 이론을 바탕으로 뉴딜 정책을 시행했다. 테네시강 유역에 댐을 건설한 것이다. 테네시강 유역은 홍수 위험이 컸기 때문에 댐을 건설하여 홍수를 방지하고 강의 흐름을 조절할 필요가 있었다. 또, 댐을 건설하면 주민에게 안정적으로 저렴한 전기를 공급할 수 있으며, 무엇보다 대공황 시절 직장을 잃은 많은 실업자에게 일자리를 제공할 수 있다는 이점이 있었다. 결과적으로 테네시강에 수력발전소를 건설하면서 많은 사람을 고용했고, 고용된 노동자가 임금을 받아서 소비를 늘리면서 유효수요가 증가했다. 그 유효수요가 마중물이 되어 경제가 호전되었다. 노동자가 돈을 쓰니 공장이 돌아갔다. 그때 "소비가 미덕이다."라는 격언이 나왔다. 결론적으로 뉴딜 정책은 케인즈의 이론을 실천에 옮긴 사례로 평가되며, 대공황 시기의 극복 과정에서 정부의 적극적인 개입과 경제 안정화의 필요성을 보여준 역사적 사례로 남아 있다.

슘페터와 피터 드러커의 통찰

기업 활동에 대해 슘페터와 드러커는 중요한 통찰을 제시했다. 슘페터는 혁신을 통해 경제를 발전시키는 기업가 정신과 혁신의 중요성을 강조했고, 드러커는 성공 이후의 기업가의 올바른 자세와 지속적인 변화를 강조했다. 이러한 통찰은 단순히 이론에 그치지 않고, 현실에서 적용 가능한 경영 철학으로 자리 잡고 있다. 여기서는 슘페터와 피터 드러커의 사상에 대해 살펴보려 한다.

– 슘페터

기업 경영에 있어 혁신 성장론을 주장한 경제학자가 슘페터[6]이다.

---

6   슘페터(Joseph Alois Schumpeter, 1883~1950)

슘페터는 기업가 정신이 혁신을 통해 자본주의를 발전시키는 원동력이라고 보았다.

즉, 기업가들은 새로운 기술과 제품의 개발, 새로운 생산 방식의 도입, 새로운 시장과 판로의 개척, 새로운 조직 구성 등의 혁신을 통해 기존의 균형을 깨고 경제 발전을 끌어낸다는 것이다. 그의 이론은 기업가 정신이 경제 성장의 핵심임을 강조하고 있다. 슘페터의 혁신 성장론에 등장하는 '창조적 파괴(Creative Destruction)' 개념은 현대 경제학과 경영학에서 매우 중요한 이론이다. 슘페터는 혁신 과정에서 기존의 경제 구조를 파괴하고 새로운 구조를 창출하는 현상을 창조적 파괴라고 설명했다.

그는 창조적 파괴가 자본주의 경제의 필수적이고 불가피한 과정이라고 보았는데, 이 과정에서 기존의 비효율적인 산업과 기업이 도태되며, 새로운 혁신적인 산업과 기업이 그 자리를 채우게 된다고 하였다. 이러한 파괴와 창조의 순환이 반복되면서 경제는 지속해서 성장하고 발전한다는 것이다.

또 슘페터는 기업가 정신을 지닌 기업가를 혁신의 주체로 강조했는데, 기업가는 기존의 틀을 깨고 새로운 시장을 개척하는 창조적 파괴자로서, 경제 구조의 변화를 주도한다고 하였다. 예를 들어, 스마트폰은 기존의 휴대전화 시장을 거의 완전히 대체하였으며 스마트폰의 등장으로 기존의 휴대전화 산업과 이와 관련된 기업은 몰락하였다.7 하지만 동시에 스마트폰과 관련된 새로운 산업과 시장이 창출되었다.

- 피터 드러커

현대 경영학에서 경영 혁신과 조직 관리에 대한 깊은 통찰을 남긴 사람이 피터 드러커8이다. 그는, "성공 직후가 가장 위험하다."라는 명언을 남겼는데, 이는 성공을 이룬 조직이나 개인이 자만하거나 변화를 거부할 때 발생할 수 있는 위험을 강조한 것이다.

그는 조직이나 개인은 성공을 거둔 후, 그 성공에 집착하거나 과거의 성공 방식을 고수하려는 경향이 있다고 지적했다. 기존의 방식을 그대로 유지하려는 경향을 강화하며, 변화와 혁신을 거부할 수 있다는 것이다. 따라서 그는 무의미한 성공은 실패보다 더 해롭다고 말했다. 성공이 반드시 긍정적인 결과만을 가져오는 것이 아니라는 의미다. 성공한 조직은 앞선 세대가 쌓아온 혁신의 결과물을 먹고 살아가며, 이러한 환경 속에서 성장한 세대는 자연스럽게 그 성공의 전제를 받아들이고, 그 틀 안에서 살아가게 된다는 것이다. 성공이 자산과 장비의 가치를 평가하는 기준이 되어 성공의 경험이 조직과 사람들의 사고방식과 자세를 굳어지게 하고, 그로 인해 기존의 방식을 고수하려고 한다. 이러한 고착 사고는 변화와 혁신

---

7   한때 세계 휴대전화기 시장을 석권하고 있던 모토로라, 노키아, LG전자가 여기에 해당한다.
8   피터 드러커(Peter Ferdinand Drucker, 1909~2005)

을 저해할 수 있다는 것이다.

한 가지 덧붙이자면, 피터 드러커는 우리나라를 격찬했는데, 1996년 출간된 그의 저서 『넥스트 소사이어티』에서 기업가 정신이 가장 높은 나라로 한국을 꼽았다. "영국이 250년, 미국·독일·프랑스가 100년 만에 이루어 낸 것을 한국은 40년 만에 해냈다. 그 원동력은 바로 기업가 정신이다." 유사 이래 대한민국처럼 짧은 시간에 경제성장을 이룬 나라는 없었으며, 이러한 업적을 이룰 수 있었던 것은 한국 CEO의 우수성 덕분이라는 것이다. 그는 또 인적자원의 질적 혁신을 강조하며, 한국 국민이 세계에서 CEO로서 가장 적합한 자질을 갖추고 있다고 역설했다.

피터 드러커는 생산성 혁명을 넘어선 '경영 혁명'의 필요성을 강조하며, 경영혁명을 일으키는 지식 노동자 역할의 중요성을 강조했다. 지식 노동자는 새로운 아이디어를 내고, 조직에 혁신을 불어넣는 핵심 인물로서, 스티브 잡스와 같은 경영자는 그 한 명이 수백, 수천 명을 먹여 살린다. 이처럼 피터 드러커는 지식 노동자의 중요성을 강조하며, 한국에는 경영혁명을 일으킬 수 있는 뛰어난 자질을 갖춘 CEO가 많이 있다고 한국을 격찬했다. 이것은 한국 국민의 강한 교육열이 뒷받침되었기에 가능했다는 것이다.

– 창조적 파괴와 성공 패턴의 변화: 덕산하이메탈의 사례

기업은 항상 승승장구할 수는 없다. 성공의 정점에 오른 순간에

도 정체의 위험이 도사리고 있으며, 이를 깨닫지 못하고 변화하지 않는다면 도태될 수밖에 없다. 이는 슘페터의 창조적 파괴와 피터 드러커의 성공 패턴 이론을 통해 설명할 수 있다.

슘페터의 창조적 파괴는 기존의 것을 버리고 새로운 혁신을 통해 지속적인 성장을 이루는 과정이다. 덕산하이메탈은 솔더볼 사업에서 이러한 창조적 파괴를 실천하며 성공을 거두었다. 덕산하이메탈은 3년여의 어려운 과정을 거쳐 솔더볼 양산에 성공한 후 시간이 지나면서 성공에 안주하려고 하는 현상이 드러났다. 성공을 이끈 초기 멤버들이 혁신을 주도하여 솔더볼 양산에는 성공했지만, 그 후 시간이 흐를수록 기존 방식에 안주하려는 경향을 보이기 시작했다. 더 새로운 기술을 개발하기보다는 기존 기술의 최적화에만 집중하는 경향이 나타났는데, 이것은 과거의 성공 경험에 갇혀 기존의 방식만을 답습하는 자세라고 생각하였다.

- **피터 드러커의 경고: 성공 패턴을 바꿀 시점**

피터 드러커는 "성공한 세대 이후의 세대는 기존의 기계, 공정, 방식을 전면적으로 바꿔야 한다."라고 강조했다. 혁신을 유지하려면 단기적으로 기존 성공을 활용하되, 장기적으로는 완전히 새로운 패러다임을 도입해야 한다는 것이다.

덕산하이메탈이 과거의 성공 경험을 답습하려는 조짐을 보이자 이를 해결하기 위해 기술 혁신과 인적 쇄신을 동시에 추진했다. 먼저 공정을 혁신했는데, 기존 공정을 자동화할 수 있는 새로운 생산 라인을 구축하였다. 기존 장비의 한계를 뛰어넘는 최신 기술을 도입하고 효율적인 공정을 개발하여 수율을 향상시키고 생산성을 높였다. 다음으로 신규 인력을 영입하고 우수한 기술자를 스카우트하여 조직의 역량을 강화하였다. 기존 기술자들의 정보력 부족 문제를 해결하기 위해 외부에서 전문가를 채용하고, 혁신 마인드를 가진 신규 인재를 선발하여 조직 내에 새로운 활력을 불어넣은 것이다.

슘페트와 드러커의 경영 이론 실천은 한 번으로 끝나는 것이 아니라 지속해서 진행되어야 한다. 나는 현재 현역에서 물러나 다음 세대에게 경영을 물려준 상태이다. 지금 이 순간, 내가 바라는 것은 과거 나의 성공 방식이 그대로 답습되지 않는 것이며, 새로운 시대에는 새로운 방식으로 기업 경영을 해나가는 것이다.

마키아벨리의 군주론, 포르투나와 비르투

니콜로 마키아벨리[9]의 『군주론(Il Principe)』은 그가 피렌체 공화국에서 실각한 후 메디치 가문의 환심을 사기 위해 쓴 정치 철학서로서, 1513년에 집필하였지만, 출간은 마키아벨리가 사망한 이후인 1532년에 이루어졌다. 『군주론』은 당시의 권력 구조와 군주의 역할을 현실적이고 실용적인 관점에서 다룬 혁신적인 저술로, 정치와 권력의 본질을 논의한 고전으로 평가받고 있다.

『군주론』은 출간 이후 500년이 지난 오늘날에도 여전히 많은 사람에게 읽히며 중요한 통찰을 주고 있다. 그 이유는 그의 사상이 정치, 경영, 인간관계 등 다양한 분야에서 현실적인 지침을 제공하

---

9   니콜로 마키아벨리(Niccolò Machiavelli, 1469~1527). 피렌체공화국의 외교관, 정치학자, 역사가, 극작가이며, 『군주론』의 저자로서 근대 정치철학의 기틀을 만든 사상가

기 때문이다. 나도 기업 경영을 하며 현실적으로 필요한 리더십에 대한 고민과 경영 전략 문제에 직면하였을 때 이 책에서 많은 영감을 얻고 해결 방안을 찾을 수 있었다.

『군주론』이 집필될 당시의 이탈리아반도는 수많은 크고 작은 도시국가들이 서로 경쟁하며 공존하고 있었고, 좁은 반도 안에서 많은 도시국가가 서로 경쟁하다 보니 사회는 전반적으로 혼란스러웠고 백성들의 삶은 점점 피폐해져 갔다. 이러한 상황에서 마키아벨리는 차라리 조금 잔인하고 폭력적이라도, 이러한 혼란을 없애고 나라의 질서를 바로 세울 수 있는 지도자(군주)가 필요하다고 생각했다. 그래서 사회에 질서를 부여해 도덕적인 사회를 만들기 위해서 군주는 때로는 독해야 하고, 때로는 냉정해야 하며, 때로는 무서울 수도 있어야 한다고 주장했다. 군주론은 이처럼 마키아벨리 자신이 생각하는 이상적인 군주를 위해 만든 책이다.

― 「군주론」의 핵심 내용

마키아벨리는『군주론』에서 권력의 유지와 확장을 위해서는 도덕적 이상에 얽매이지 않고 현실적으로 접근해야 한다고 말했다. 군주는 궁극적인 목표인 국가의 안정과 권력 유지를 위해 필요할 때는 비도덕적인 방법을 사용해도 된다는 것이다. 오늘날의 관점에서 보면 얼핏 이해되지 않는 내용도 있지만, 마키아벨리가 왜 그러한 주장을 했는지는 생각해 볼 가치가 있다고 생각한다. 한편, 마키아벨리의 주장을 현대적인 관점에서 이해하기 위해서는 현대적인 가치관에 맞도록 조정할 필요가 있다고 생각한다. 『군주론』에서 주장하는 대표적인 내용 몇 가지를 추려보기로 한다.

- 예수는 "오른쪽 뺨을 맞으면 왼쪽 뺨을 내주라"라고 했다. 그 말은 용서와 인내, 비폭력적 대응을 강조하는 것이다. 그러나 마키아벨리는 그러면 안 된다고 비판했다. 오히려 왜 맞고 있는지에 대해 깨닫고, 자신의 역량을 키워 그 상황을 극복해야 한다고 주장했다.

- 군주가 관용적이기보다는 인색한 것이 더 낫다고 말했다. 군주가 지나치게 관대하게 돈을 쓰면, 백성에게는 긍정적으로 보이기보다 "세금을 걷어 자신들끼리만 잘 먹고 잘산다."라고 인식되어 불만이 생길 수 있다는 것이다. 반면, 평소에 인색한 태도를 유지하면, 재정적으로 자본을 비축할 수 있어 전쟁이나 위기 상황에서 꼭 필요한 자원으로 사용할 수 있다고 했다.

- 군주는 사랑받기보다 두려움의 대상이 되는 것이 더 안전하다고 말했다. 그 이유는 사랑은 인간의 감정이므로 쉽게 변할 수 있지만, 두려움은 군주에 대한 존경과 통제를 유지할 수 있는 더 강력한 수단이기 때문이다. 따라서 군주는 미움받지 않는 선에서 두려움을 이용해 통치하는 것이 더 안정적인 권력을 유지하는 방법이라고 보았다.

- 군주나 리더는 국민과 한 약속을 반드시 지킬 필요는 없다고 말했다. 그는 효율적 통치와 권력 유지를 최우선으로 보았기 때문에, 상황에 따라 약속을 깨는 것이 더 유리하다면 그렇게 하는 것이 군주의 권력을 지키는 데 도움이 된다고 했다. 군주의 자리를 안정시키고 국가의 이익을 지키기 위해서는, 때로는 약속을 헌신짝처럼 버려야 할 때도 있다고 했다.

- 군주는 여우의 지혜와 사자의 용맹함을 모두 갖춰야 한다고 했다. 여우는 상대방이 숨기고 있는 계략이나 위험을 감지할 수 있는 지혜를 상징한다. 여우처럼 교활하게 행동하여야 자신을 위험에서 지켜낼 수 있다는 것이다. 그러나 늑대로 상징되는 위협이 가시화되었을 때, 군주는 사자처럼 용맹하게 맞서 싸워야 한다고 했다.

- 군주는 일차적으로 법과 규율을 기반으로 통치할 줄 알아야 하며, 이는 인간 사회에서 질서를 유지하는 가장 기본적인 방식이라고 보았다. 그러나 인간의 방법이 통하지 않을 때, 리더는 짐승의 방식, 즉 강압적이고 폭력적인 수단을 쓸 줄도 알아야 한다고 했다. 이는 혼란이나 반란, 국가의 위기 상황에서 질서를 회복하기 위한 강력한 방편이기 때문이다.

- 다만, 이러한 폭력적 수단을 계속 사용하는 것은 위험하다고 경고했다. 잔인함이 반복되면 리더는 미움을 사게 되고, 결국 반발을 불러일으킬 수 있기 때문이다. 따라서 필요할 때 과감하게 한꺼

번에 강력한 조치를 하고, 이후에는 다시 안정과 질서를 회복하는 방향으로 나아가는 것이 효과적인 통치 방법이라고 보았다.

- 군주가 어설픈 폭력을 사용할 경우 복수와 반란을 불러일으킬 수 있다고 경고했다. 따라서 폭력을 감행할 때는 완전히 뿌리 뽑을 정도로 가차 없이 해야 하며, 그렇게 해야 반발과 복수 등 후환을 남기지 않는다고 보았다. 그러나 폭력을 사용할 때도 지혜로운 접근이 필요하다고 강조했다.

- 폭력은 한꺼번에 과감하게 사용하고, 사랑과 자비는 점진적으로, 계기가 있을 때마다 조금씩 나누어줘야 한다고 했다. 그래야 백성들이 폭력을 기억하기보다는, 자비와 사랑을 더 오래 기억한다는 것이다. 마키아벨리는 인간이 망각의 동물임을 지적하며, 폭력을 질질 끌며 사용하는 것은 오히려 미움을 상기시키는 결과를 초래한다고 경고했다.

- 군주는 절대로 백성의 재산을 빼앗지 말라고 강조했다. 그것은 미움을 살 수 있는 제일 큰 요소가 된다. 사람들은 부모의 죽음조차 시간이 지나면 잊을 수 있지만, 재산을 빼앗긴 일은 평생 잊지 못한다고 했다. 백성들이 가장 민감하게 반응하는 것은 바로 재산과 경제적 이익이기 때문에, 군주는 절대 이 부분에서 미움을 사지 않도록 주의해야 한다고 말했다.

군주론의 내용을 이해할 수 있는 몇 가지 예를 들어보기로 하자.

대원군이 경복궁을 재건할 당시, 과도한 세금 징수로 많은 반발을 불러일으켰다. 특히 그는 '원납전'이라는 명목으로 백성에게 강제로 돈을 걷었고, 통행세와 같은 다양한 방법을 동원해 재정을 충당했다. 백성들 사이에서는 이미 창덕궁 등 다른 궁궐도 많은데 왜 혈세를 들여 경복궁을 다시 짓느냐는 불만이 커졌다. 그 결과, 대원군의 정책은 민심을 잃었고, 이는 그를 축출시킨 하나의 계기가 되었다.

반면 이순신 장군은 백성들에게 식량과 물자를 요청하면서도 명분이 있었기에 반발을 사지 않았다. 백의종군 후 이순신은 거의 궤멸된 상태의 조선 수군의 재건을 위한 전략을 구상하였는데 병력, 병기, 군량, 전선의 병참 확보가 최우선이었다. 이순신은 병참을 확보하여 조선 수군을 복원하고자 하였는데, 이를 위해 백성들에게 물자 지원과 부역을 요청했다. 이때 나라를 구한다는 명분이 정당했기에 백성들은 이순신의 물자 지원과 부역 요청에 기꺼이 응했다. 또, 이순신은 평소에는 백성들에게 어진 지도자로서의 면모를 보여주었으나, 필요한 때에는 군법과 군율을 엄격히 지키면서 강력한 조치를 한 지휘관(지도자)으로 평가받는다. 간첩 행위와 같은 중대한 범죄에 대해서는 백성들이 보는 앞에서 죄인을 처형함으로써 군의 기강을 바로 세웠던 것이다.

이순신 장군의 경우는 『군주론』에서 말하는 효율적인 통치와 군주(지도자)의 역할을 잘 구현한 사례로 볼 수 있다. 그는 필요한 경우 강력한 조치를 했지만, 이러한 조치가 군의 안정과 국가의 안전을 위한다는 명분이 정당했기에 백성의 지지를 얻을 수 있었다. 반면 대원군의 경우는 그렇지 못했다.

– 포르투나와 비르투

마키아벨리는 포르투나(운명)와 비르투(능력, 결단력)의 개념을 통해 군주가 운명을 어떻게 극복할 수 있는지를 설명한다.

포르투나(Fortuna)는 고대 로마 신화에 나오는 운명과 행운의 여신으로, 인간의 삶에서 발생하는 예측할 수 없는 변화와 불확실성을 상징한다. 이 개념은 단순히 행운을 의미하는 것이 아니라, 인간이 통제할 수 없는 자연적, 사회적 상황들을 포함한다. 포르투나는 종종 '변덕스러운 운명의 여신'으로 묘사되며, 그녀의 형위는 무작위적이고 일관성이 없다.

비르투(Virtu)는 라틴어에서 유래했으며, 고대 철학자들은 이를 도덕적 탁월함, 용기, 정의, 절제, 지혜와 같은 다양한 덕목을 포괄하는 개념으로 사용했다. 마키아벨리는 비르투를 현실적이고 실용적인 능력, 결단력, 용기, 그리고 상황을 장악하는 힘을 상징하는 의미로 사용했다. 한마디로, 비르투는 포르투나가 가져오는 운명 속에서 군주가 자신의 운명을 개척할 수 있는 능력을 의미한다.

마키아벨리는 포르투나와 비르투라는 두 개념을 통해 인간의 운명과 이를 극복하려는 능력을 설명했다. 포르투나는 인간이 통제할 수 없는 외부적 운명을 의미하고, 비르투는 그 운명에 맞서고 상황을 극복하려는 인간의 능력을 상징한다. 마키아벨리는 군주가 성공하려면 이 두 가지의 균형을 잘 맞추어야 한다고 강조했다. 노력하는 자에게는 운이 따르지만, 운만을 기대하고 노력하지 않으면 성공할 수 없다는 메시지로 해석할 수 있다. 마키아벨리는 리더의 핵심 자질로 비르투를 내세운다. 리더는 운명에 의존하는 수동적 존재가 아니라, 불확실한 세계 속에서 자신의 힘으로 질서를 만들어 내는 실천적 인간인 것이다.

이러한 개념은 불교의 교리와도 유사한 점이 있다. 대부분의 종교는 신의 존재와 구원을 강조하지만, 불교는 자신의 노력과 정신적 수양을 통해 해탈에 이른다고 가르친다. 불교에서의 해탈이나 열반에 이르는 과정은 마치 비르투를 강화하여 운명을 개척하는 과정과 비슷하다. 불교는 외부의 신이나 운에 의존하지 않고, 자신의 노력과 수행을 통해 삶을 변화시킬 수 있다고 가르치고 있는데, 이러한 점에서 운명에 맞서 상황을 극복하고자 하는 인간의 능력인 비르투를 강조하는 마키아벨리의 사상과 유사하다고 하겠다.

– 군주론과 기업 경영

군주론의 내용은 현대에 와서 정치적 현실이나 기업 경영에는 적용하기 힘든 부분이 많은 것이 사실이나, 그중 일부는 현대의 기업 경영에도 함축적으로 많은 것을 시사하는 내용이 있다. 다만 오늘날에 와서 마키아벨리의 이론을 기업 경영에 적용할 때는 그 원칙들을 현실에 맞게 조화롭게 적용하는 것이 중요하다. 기업의 경영 상황에 맞게 조정하고 명분이 있어야 하며, 적절한 균형을 유지해야 한다.

마키아벨리는 군주나 리더가 관용하기보다는 인색한 것이 더 낫다고 말했다. 이 말은 일정 부분 맞기도 하고 현실적이지 않기도 하다. 기업 경영에서 무조건 퍼주는 것만으로는 장기적으로 기업을 안정적으로 운영하기 어렵다. 퍼주는 것이 습관이 되면, 타성에 젖어 기업의 지속 가능성에 악영향을 미칠 수 있다. 그러므로 기업은 마키아벨리의 논리처럼 때에 따라서는 인색할 필요가 있다.

마키아벨리는 군주가 두려움의 대상이 되는 것이 통치하는 데 더 효과적이라고 했지만, 기업에서는 직원을 관리할 때 신뢰와 협력이 더 중요하다. 리더가 두려움의 대상이 되어야 한다는 주장은 현대 기업 환경에서는 타당하지 않을 수 있다. 두려움보다는 동기 부여와 긍정적 관계가 장기적인 성공을 가져온다. 미켈란젤로의 내면적 동기[10]와 같이, 기업에서는 구성원들의 마음에서 우러나오는 자발적 동기가 중요한데, 리더가 두려움의 대상이 되면 그런 내면적 동기를 발휘하는 것이 어렵게 된다.

---

10 칭찬이나 금전적 이익, 출세 등의 외적인 보상에 의해 동기가 부여되는 것이 아니라, 자신의 흥미나 만족, 성취감이나 도전 정신, 자아실현 등과 같이 순수한 내면의 욕구나 욕망이 행동의 원동력이 되어 스스로 동기가 부여되는 것을 말한다. 이 책 5장 '마음으로 이끄는 리더십' 참고.

마키아벨리는 군주가 약속을 어겨도 된다고 했지만, 기업에서는 약속을 지키는 것이 가장 중요하다. 기업에서 한 약속은 신뢰를 구축하는 기반이 되며, 약속을 지키지 않는 것은 장기적으로 기업에 부정적인 영향을 미친다. 따라서 약속은 반드시 지켜야 하며, 이를 통해 신뢰와 신용을 유지해야 한다.

결론적으로 마키아벨리의 군주론을 기업 경영에 적용할 때 가장 핵심적인 내용은 포르투나와 비르투라고 생각된다. 기업이 성공하기 위해서는 운에만 의존하지 않고 자신의 능력과 역량으로 운명을 개척해야 한다.[11] 이것이 비르투의 상징이다. 그뿐만 아니라 세상에는 예고 없이 들이닥치는 홍수처럼 인간의 힘으로 어쩔 수 없는 상황이 존재하는데, 그 불가항력의 현실을 미리 인지하고 대비하는 행위, 즉 댐을 미리 건설하는 행위는 곧 비르투의 상징이다. 군주론에서는 운명을 피할 수 없다 해도 그것에 휘둘리지 않기 위해 준비하고 실천하는 능력인 비르투를 강조하고 있다.

마키아벨리의 군주론은 일반적인 삶에서도 의의가 있기에 현대에 와서도 널리 읽히고 있다. 다음에 군주론의 내용을 일반적인 삶에 어떻게 적용할 수 있는지를 살펴보겠다.

---

11 5장 '마음으로 이끄는 리더십' 중 '실천적 리더십' 참고

- 인색한 것이 관용보다 낫다는 것은 재정 관리에 적용할 수 있다. 돈을 무분별하게 쓰기보다는, 필요할 때를 위해 비축하는 것이 안정적인 삶을 유지하게 한다.
- 군주가 약속을 어길 수 있다고 했지만, 일반적인 삶에서는 신뢰를 지키는 것이 더 중요하다.
- 군주가 여우의 지혜와 사자의 용기를 모두 갖춰야 한다는 것은 어려움이 닥쳤을 때 현명하게 문제를 분석하고, 필요할 때는 용기를 내어 맞서야 함을 의미한다.
- 마키아벨리는 법과 규율을 기반으로 하되, 위기 상황에서는 강압적인 수단도 필요하다고 했다. 일반적인 삶에서는 규칙을 지키는 것이 중요하지만, 예상치 못한 일이 생길 때는 융통성을 발휘할 수도 있다는 것을 의미한다.
- 어설픈 폭력은 복수를 불러일으킬 수 있다고 했다. 과도한 분노 표출은 오히려 상대방의 반발을 초래할 수 있으므로, 갈등 상황에서도 차분하게 문제를 해결하려는 태도가 필요하다.

그렇기에 군주론을 현대적으로 해석할 때에는 현대적인 가치관에 맞도록 조정하고, 그 원칙이 지나치게 과도하지 않도록 조화롭게 활용하는 것이 필요하다.

기업가의 사회적 역할

앞서 마르크스의 경제 이론에 대해 간략하게 살펴본 바 있는데, 자본주의의 문제점에 대해 깊이 통찰한 사람이 바로 마르크스다. 마르크스는 자본주의가 성숙하면 체제 자체의 모순 때문에 스스로 붕괴할 것으로 예측했다. 자본가들이 경쟁 속에서 생산성을 증가시키고 기술을 발전시킬수록 노동자의 삶은 악화하고, 부의 불평등은 더욱 심화한다고 보았다. 부의 불평등으로 노동자들은 자본주의의 불합리함을 깨닫고 스스로 조직화해 자본주의 체제를 전복시킬 것이라고 주장했는데, 이러한 혁명적 전환이 필연적이라고 보았다.

그런데 정작 사회주의 혁명이 일어난 곳은 그 당시 자본주의가 가장 발달한 영국이 아니라 러시아다. 영국에서는 노동운동이 사회적 혁명으로 발전되지 않았다. 그 이유는 정부와 기업가, 그리고 사회의 가진 자들이 노블레스 오블리주를 실천했기 때문이다. 이것은 자본주의가 가진 문제를 해결하는 하나의 역사적 모델이 될 수 있다.

자본주의의 문제점인 빈부 격차를 비판하고 경제적 평등을 강조한 마르크스의 사상은 20세기 전 세계에 큰 영향을 미쳤으며, 특히 공산주의 혁명을 통해 현실 사회주의 국가들을 설립하는 데 기여했다. 그러나 1980년대 말부터 1990년대 초까지 소련과 동구권의 현실 사회주의 국가들이 붕괴하면서 사회주의도 이러한 문제를 해결할 수 없는 체제인 것으로 결론이 났으며 자본주의의 체제 우월성이 증명되었다.

자본주의 체제에서는 어떠한 방법으로든 빈부 격차라는 문제를 해결하여야 한다. 물론 이러한 빈부 격차 문제를 해결할 책임은 일차적으로 정부에 있다. 그래서 수정자본주의 경제체제를 채택한 국가에서는 소득재분배 정책이나 복지 정책을 통하여 이러한 빈부격차의 문제를 해결하고자 한다. 그러나 정부의 힘만으로 이러한 문제를 해결하는 데에는 한계가 있다. 그뿐만 아니라 경제활동에 대한 지나친 정부의 개입과 개인의 경제활동에 대한 정부의 지나친 통제는 경제를 위축시킬 수 있는 위험이 도사리고 있다. 따라서 개인의 경제활동에 대한 정부의 지나친 개입과 통제를 예방할 수 있는 한 가지 방안이 기업가들에 의한 선제적 문제 해결 의식이라고 생각한다.

　빈부 격차를 비롯한 자본주의가 가진 제반 문제를 해소하려면, 기업가도 일정한 역할을 해야 한다. 이러한 문제를 해소하는 것은 자본주의 사회에서는 필수적이며, 기업인은 이를 해결하겠다는 자세와 사고를 기본적으로 가져야 한다. 이것은 기업가의 자비심 차원이 아니라 자본주의 문제를 해결하는 방법의 하나로 실행해야 한다.

　정부의 손이 미처 미치지 못한 분야에서 기업가가 사회적 공헌 활동을 강화하면 자본주의의 문제가 어느 정도 해소될 것이다. 그러려면 기업인은 먼저 내부적으로 자신이 운영하는 기업의 종업원 복지 향상을 시작으로, 복지 사각지대에 있는 사람에게 관심을 가져야 한다. 내부적인 복지에 신경을 쓰는 일차적인 방법은 이익이 나는 만큼 종업원에게 인센티브를 주는 것이다. 노력한 만큼 인센티브를 받으면 근로자의 생활이 윤택해진다. 또한, 일하기 좋고 깨끗한 환경에서 일할 수 있게 만드는 것도 복지다. 인센티브를 활성화하여 성과를 내면 그만큼의 과실을 가져가는 그런 체제, 제도를 만들어놓고 경영해야 한다. 그것이 경영자가 가야 할 길이고 빈부 격차를 줄이는 길이고 자본주의 체제의 단점을 보완하는 길이다. 그래서 자본가만 잘살게 되는 것이 아니고 자본가와 근로자 모두가 윤택해지는 공존의 원리다.

　그런 기업 경영 철학이 내 의식 저변에 깔려 있었기에, 덕산의 기업들은 내부적으로는 공존 번영의 길을 택했으며, 어느 정도 사업 기반이 안정된 후부터는 내부적으로는 구성원을 상대로 인센티브제를 시행했으며, 외부적으로는 사회의 어두운 면을 살피려고 노력했다. 불우하고 힘든 이웃을 도울 기회가 생기면 주저 없이 참여했다.

> "세상을 위한 바른 뜻이 없는 부자는 세상에서 가장 가난한 사람 중 한 사람이다."

– "돈을 버는 것은 기술이고, 쓰는 것은 예술이다."

자본주의가 가진 모든 문제를 기업인이 해소하는 것은 불가능한 일에 가깝다. 하지만 그러한 문제를 최소화하기 위해 노력할 수는 있다. '같이' 사는 세상에서 가진 자가 나누는 것이 진정한 의미의 '가치' 있는 일이기 때문이다. 마이크로소프트 회장을 비롯한 기업 경영으로 성공한 사람들은 노블레스 오블리주를 실천하고 있는데, 나도 그런 역할을 하고자 했다. "돈을 버는 것은 기술이고, 쓰는 것은 예술이다."라는 말이 있다. 돈은 벌 때도 잘 벌어야겠지만, 쓸 때는 더 잘 써야 한다. 그래야 자본주의 제도에 내재하는 문제를 일정 부분 해소할 수 있고, 함께 잘 사는 사회가 될 수 있을 것이다.

남이 공헌할 것이란 기대를 하기보다는 모든 것을 나로부터 시작해야 한다. 모든 기업인이 그런 생각을 가질 때 사회는 훨씬 밝아질 것이며, 자본주의가 가진 문제도 어느 정도 해소될 수 있을 것이다.

　기업뿐만 아닌 일반인도 사회에 기여할 수 있다. 기부와 봉사는 사회에 중요한 긍정적 영향을 미치며, 동시에 개인에게도 깊은 의미와 성취감을 느끼게 한다.
　기부는 단순히 물질을 제공하는 것을 넘어, 도움이 필요한 이웃을 향한 관심과 배려를 표현하는 것이다. 기부가 가져오는 효과는 단순한 경제적 지원을 넘어서, 사회 전체의 마음을 따뜻하게 만들고 긍정적인 문화로 이끌어 간다는 것이다.
　봉사도 마찬가지다. 특히 직접 참여하는 봉사는 자신이 하는 일이 누군가에게 직접적인 도움을 주고 있다는 것을 눈으로 보고 느낄 수 있게 해 준다. 시간을 할애해 봉사에 참여하면 타인의 삶을 더 깊이 이해하게 되고, 서로 다른 사람들의 어려움을 체감함으로써 공감과 겸손을 배우게 된다. 이로 인해 봉사자들은 자신이 가진 것에 감사하게 되고, 나아가 긍정적인 에너지를 사회에 나눌 수 있다.
　결국 삶에서의 기부와 봉사는 상호 작용을 통해 사회적 책임을 다하는 일이며, 이를 통해 더 나은 공동체를 만들어가고 자신에게도 의미 있는 성장을 가져온다.

The Milestone Ahead

SET A MILESTONE

4장

인재가 기업의
경쟁력이다

기업은 결국 사람이 일을 하여 이익을 창출하는 곳이다. 그러므로 기업 경영에는 사람이 중요하다. 역량이 뛰어난 인재가 많아야 기업은 더 크게, 더 빨리 발전할 수 있다. 그렇기에 인재가 곧 기업의 경쟁력이 되는 것이다. 이 책 1장에서는 창업을, 2장에서는 기업의 성장과 발전을, 그리고 3장에서는 기업가의 경영 철학을 다루었다. 그리고 이번 4장에서는 기업 경영에서의 인재 활용과 관련된 내용을 다룬다.

태산은 한 줌의 흙도
마다하지 않는다

 고대 중국에는 하나라, 은나라, 주나라가 있었다. 그런데 주나라 대에 와서는 왕권이 약해지면서 많은 제후국이 독립적인 세력으로 성장하여 서로 다투는 춘추전국시대가 되었다. 그 대표적인 소국이 진(秦), 초(楚), 제(齊), 연(燕), 위(魏), 한(韓), 조(趙), 노(魯)나라 등이다. 진나라는 서쪽에 자리한 변방 국가로 출발했지만, 여러 차례의 군사적 성공과 정치적 개혁을 통해 강국으로 성장했다. 그리고 정[政, 나중의 진시황(秦始皇)]이 기원전 221년 마침내 중국을 통일했다.[1]

 "태산은 한 줌의 흙도 마다하지 않는다."라는 말은 진시황의 책

---

1 진(秦)나라(기원전 221년 ~ 기원전 206년), 중국 최초의 통일왕조로 첫째 황제를 시황(始皇)으로 지칭하였다.

사 중 한 사람인 이사[2]의 고사에 나오는 말이다. 이사는 춘추전국시대 말기의 정치가로, 진나라의 왕, 정에게 중용된 인물이다. 그는 원래 초나라의 하급 관리였으나, 뜻한 바 있어 학문을 닦아 진나라로 들어가 관직에 진출했으며, 진 왕의 환심을 사서 벼슬에 오르게 된다. 그러나 정국(鄭國) 사건[3]을 계기로 진나라 왕인 정이 모든 외국인을 진나라에서 내보내고자 축객령을 시행했을 때, 쫓겨날 위기에 처한 이사는 진나라 왕 정에게 간축객서(諫逐客書)를 써서 전했는데, 여기에 "태산은 한 줌의 흙도 마다하지 않아 그 높이를 이루었고, 황하는 한 줄기의 시냇물도 가리지 않아 그 깊이를 이루었다."라는 말이 나온다. 여기에는 능력 있는 사람을 가리지 않고 모두 받아들여 인재로 활용해야 한다는 뜻이 내포되어 있다. 이 편지는 진나라 왕 정의 마음을 사로잡아 결국 축객령은 폐지되었다. 이후 이사는 진나라 왕의 총애를 받게 되고, 출신 국가나 지역, 신분에 구애받지 않고 인재를 등용하는 정책을 펼쳤으며, 이사의 인재 등용 정책과 전략은 진나라가 중국을 통일하는 데 크게 이바지했다.

---

2   이사(李斯, 기원전 280년경~기원전 208년)
3   진나라가 원교근공 정책과 다양한 외교술로 전국시대의 주도권을 잡으려 하자 위기감을 느낀 한(韓)나라는 진나라의 국력을 소모하게 해 시간을 벌고자, 기술자인 정국(鄭國)을 진나라로 보내어 진 왕 정에게 척박한 진나라 땅에 수로를 건설하여 개간할 것을 건의하도록 하였다. 결국은 정국이 첩자라는 것이 발각되었고, 이로 인해 진나라에는 외국인을 모두 첩자라고 생각하게 되는 분위기가 생겼다.

나는 내가 가입한 모임이나 조직에서 가능하면 규모가 확대되고 발전하는 방향으로 조직이 관리되어야 한다고 주장하며, 이전보다 규모가 축소되는 것은 아주 싫어한다. 조직이나 모임과 관련된 대부분의 일을 대승적 차원에서 생각하는데, '대승(大乘)'이라는 말을 직역하면 크게 태워서 간다는 것이다. 이것은 모임이나 조직이 확장 발전되는 방향으로 그 운영과 관련된 일을 판단하고 결정한다는 의미이다.

기업도 대승적 차원에서 경영한다. 기업 경영에서 이 말은 뛰어난 인재라면 가리지 않고 받아들인다는 의미로 해석할 수 있다.

덕산하이메탈 경영이 웬만큼 안정되고 있던 어느 날, 두 사람이 나를 찾아왔다. 자신들이 다니던 회사가 망했고, 자신들을 "배가 난파하여 난민이 된 보트피플"이라고 소개하였다. 당시 경남 마산시에도 솔더볼 생산업체가 하나 있었는데 우리와 경쟁하다가 파산했다고 한다. 두 사람의 이야기를 듣고 나서, '이들은 솔더볼 생산과 관련된 핵심 내용을 알고 있으며, 회사가 망한 것은 그 회사의 사장이 경영을 잘못한 결과이지 그들의 자질이 문제가 아니다.'라고 판단했다. 과거에는 경쟁 회사의 직원이었지만, 지금은 상황이 달라진 것이다. 나는 그 사람들을 쓸모 있는 인재라고 생각하여 받아들였고, 한 사람은 기획실, 한 사람은 총무부에 경력사원으로 발령을 냈다. 기획실에 입사한 사람은 나중에 부사장까지, 그리고 총무부에 입사한 사람은 총무 이사로까지 승진했다.

덕산네오룩스의 전신인 L사를 합병할 당시, 총무부에 입사한 그 사람이 주도적으로 일을 했으며, 덕산이 투자해서 설립한 미얀마의 현지 법인인 미얀마 제련소의 기반을 닦은 사람도 그 사람이다. 기획실에 입사한 사람은 덕산하이메탈 제품을 해외에 유통하는 핵심 파트너였던 유미코아를 교섭하고 계약을 성사시켜 덕산의 해외 진출에 혁혁한 공을 세웠다. 난파선을 타고 온 사람들이 덕산을 위해 큰일을 해 준 것이다.

경영자가 갖추어야 할 중요한 덕목 중의 하나는 이사처럼 한 줌의 흙도 외면하지 않아야 한다는 것이다. 즉, 인재라고 판단되면 가리지 말고 등용해야 한다는 말이다. 나는 기업을 경영하면서 인재를 아주 중시한다. 다양한 채널을 통해 인재를 발탁하고자 하며, 인재라고 판단되면 삼고초려의 정신으로 영입하려고 노력한다. 특히, 과거에 경쟁사에 몸담고 있었더라도 훌륭한 인재라면 적극적으로 채용하여 그들이 가진 경험과 노하우를 활용하고자 한다. 경쟁사의 인재는 해당 산업의 흐름을 다른 차원에서 이해하고 있을 뿐만 아니라, 우리와는 다른 전략과 업무 수행 방식을 익혀 왔기 때문에 기업이 새로운 관점을 도입하고 정착시키는 데 효과적이다. 또 발탁된 이들에 대해 선발할 때부터 동기를 부여하고 비전을 제시한다. 그러다 보니 많은 인재가 덕산으로 모여들어 오늘날 덕산을 그룹으로까지 성장시킬 수 있었다.

"태산은 한 줌의 흙도 마다하지 않는다."라는 말은 결국 인재는 출신을 가리지 말고 발탁해서 활용할 수 있어야 한다는 의미이다. 출신이나 신분을 가리지 않고 발탁된 이들이 모여 기업을 더욱 강하고 탄탄하게 만들 수 있으며, 이를 통해 장기적인 성공을 끌어낼 수 있다.

기업 경영의 근본은 인재 경영이다

기업 경영의 근본은 인재 경영이다. 기업에서는 기본적으로 사람이 일을 하고 성과를 만들어 내기 때문이다. 그런 의미에서 기업 경영은 용인(用人) 예술이라고 할 수 있으며, 그렇기에 기업 경영에서 인재 경영은 인선(人選)의 도(道), 즉 사람을 선택하는 길이라 말한다.

나의 인재 경영 철학은 다음 세 가지로 요약할 수 있다. 제갈량의 지인지도(知人知道)와 한비자의 '형(刑)'과 '덕(德)', 그리고 조조의 유재시거(唯才是擧)이다. 나는 이 세 가지 이론을 상황과 조건에 따라 적절하게 활용했다.

– 제갈량의 지인지도

제갈량(諸葛亮)의 지인지도(知人之道)는 제갈량이 남긴, 인재를 알아내는 7가지 방법이다. 사람을 잘 알아보고 그들의 능력과 성격을 정확하게 평가하는 방법이다. 제갈량은 사람을 알아보는 방법으로, 첫째, 옳고 그른 것에 관해 물어 시비를 가르는 능력을 보고, 둘째, 궁지에 몰아 임기응변 정도를 알아보고, 셋째, 책략을 물어서 식견을 알아보고, 넷째, 위기 상황을 알려 그 난관에 맞설 용기가 있는지를 알아보며, 다섯째, 술을 먹여서 본심을 알아보고, 여섯째, 이익을 제시하여 청렴 여부를 살펴보고, 일곱째, 일을 맡겨서 신용이 어떤가를 알아보는 것 등 7가지로 제시했다.

제갈량은 군사적 전략과 전술에도 능했지만, 인재 등용과 활용에도 탁월했다. 부하들의 능력과 개성을 잘 파악하고 그에 맞춰 적재적소에 배치했다. 위연(魏延), 강유(姜維) 등 여러 장수를 적절히 활용해 효과적인 전술을 펼쳤고, 부하들의 강점을 최대한으로 끌어내어 군사적 성과를 극대화했다.

하지만 제갈량은 단호할 때는 단호했다. 마속(馬謖)을 매우 아끼고 신뢰했으나, 마속이 계책을 어기고 가정 전투에서 패배하게 되자, 눈물을 머금고 마속을 처형했다.[4] 일벌백계(一罰百戒)하여 조직의 기강을 잡으려 한 것이다. 제갈량의 지인지도는 단순히 사람의 능력을 파악하는 것을 넘어서, 그들의 성격과 한계까지도 이해하

---

4   읍참마속(泣斬馬謖): 중국 삼국시대에 촉의 제갈량이 평소 중용했던 부하인 마속이 명을 어기고 가정 전투에서 위에 대패(大敗)한 것을 두고 울며 참형에 처했다는 『촉지』 마속전(馬謖傳)의 고사(故事)로부터 유래한 고사성어이다.

고 상황에 따라 적절히 활용하는 방법이다.

　현대 사회에서 기업은 스펙만 보고 인재를 뽑거나 인사 관리를 하는 경향이 있다. 스펙에는 그 사람의 살아온 여정이 어느 정도 담겨 있으며, 객관적일 수 있다. 그러나 그러한 인사 관리 방식은 한계가 있다. 스펙 하나만을 중시하면 학벌, 자격증, 경력 등 표면적인 요소만을 평가하게 되며, 창의력, 문제 해결 능력, 리더십, 커뮤니케이션 스킬 등 겉으로 드러나지 않는 중요한 역량이 간과될 수 있다. 학벌이나 경력만으로는 개인의 열정이나 동기를 판단하기 어렵다. 동기와 열정은 업무 성과에 큰 영향을 미치는데, 이를 무시하게 되는 것이다.

　스펙 하나만을 보고 인재를 판단하는 것은 조직의 단기적인 성과에는 유리할 수 있지만, 장기적으로 조직의 성장과 발전에 도움이 되는지는 장담할 수 없다. 따라서 스펙 외에도 다양한 역량과 잠재력을 평가하는 종합적인 인재 평가 시스템이 필요하다. 그렇기에 나는 인재를 선발할 때, 제갈량의 지인지도와 같은 종합적이고 입체적인 평가 방식의 철학을 적용하여 스펙뿐만 아니라 인재의 다양한 측면을 고려하려고 노력하였다.

　제갈량의 지인지도(知人知道)는 사람을 깊이 이해하고 그에 맞는 방식으로 대하는 지혜를 말한다. 이는 곧 상대방의 성향과 능력을 파악해 그에 맞는 적절한 역할을 맡게 하는 것이다.

예를 들어, 직장에서 동료나 팀원과 협력할 때, 각자의 강점과 성향을 존중하면서 맡은 역할을 조정하면 더욱 효과적인 성과를 낼 수 있다. 가정에서도 자녀나 배우자의 특성을 이해하고 그에 맞춰 대화를 나누면 갈등을 줄이고 더 원활한 관계를 형성할 수 있다.

지인지도는 삶에서 모든 사람을 하나의 기준에 맞추기보다, 각자의 다름을 존중하고 그들의 잠재력을 끌어내려는 포용력으로 이어질 수 있다.

― 한비자의 '형'과 '덕'

한비자는 중국 전국시대 말기의 사상가로, 그의 사상은 법가 사상의 대표적인 예로 꼽힌다. 한비자는 법치주의를 강조하며, 군주는 법과 제도를 통해 통치해야 한다고 주장했다.

한비자의 사상에서 '형(刑)'과 '덕(德)'의 개념은 중요한 요소다. 형은 처벌을 의미하고, 덕은 여러 가지 의미를 지니고 있으나 여기서는 관용과 보상을 의미한다. 한비자는 군주가 사람을 다스릴 때 형과 덕을 적절히 사용해야 한다고 하였으며, 이는 엄격한 법 집행과 동시에 공로에 대해서는 보상을 해야 한다는 뜻이다.

한비자의 사상은 그가 속했던 전국시대의 혼란스러운 정치 상황에서 비롯되었는데, 이 시기는 각 제후국이 끊임없이 전쟁을 벌였던 시기이다. 이러한 환경 속에서 한비자는 강력한 중앙집권적 통치와 엄격한 법 집행이 질서를 유지하는 데 필수적이라고 보았다.

　한비자의 사상은 여러 역사적 사실을 통해 그 효과가 입증되었는데, 그 대표적인 사례가 진나라의 통치 방식이라고 할 수 있다. 진시황은 법가 사상을 바탕으로 전국을 통일하였다. 또, 법을 엄격히 집행하고 공로를 세운 자들에게는 포상을 주며, 형과 덕을 적절히 사용했다. 이러한 통치 방식 덕분에 진나라는 강력한 중앙집권 국가로 발전할 수 있었다.

　한비자의 사상은 형벌과 보상을 균형 있게 함으로써 효과적인 통치를 추구한다는 점에서 그 의의가 있는데, 이는 현시대의 기업 경영에도 유효하다고 생각된다. 예컨대, 리더는 아랫사람을 믿고 일에 대한 재량권을 주어야 한다. 재량권이란 어떤 일을 자기 생각에 따라 판단하여 처리할 수 있는 자격이나 권한을 말하는데, 재량권을 주어야 유능한 인재가 적재적소에서 효율적으로 일할 수 있다. 하지만 재량권을 줄 때는 중요한 것이 있는데 그것은 권한에 대한 책임과 결과에 대한 평가이다. 평가를 해서 잘못이 있으면 책임을 지우고(刑), 성과가 있고 잘했으면 보상(德)을 주어야 한다. 그렇게 하지 않으면 방임하는 꼴이 되어버린다. 잘못이 있어도 후하게만 대하면 조직의 기강이 서지 않고, 좋은 결과에는 보상하지 않고 잘못에 대해서 책임만 물으면 형(刑)이 두려워 능동적으로 일하지 않게 된다.

　나는 회사에 공을 세운 직원에게는 공정한 보상을 해 주어야 한다고 생각했기 때문에, 덕산에 공이 있는 직원에게는 포상으로 회사의 주식을 나누어 주기도 했다.

삶에서의 형(刑) 적용은 규칙을 어겼을 때 그에 상응하는 책임을 물어 원칙을 지키고 질서를 유지하는 것이다. 이는 자신과 타인 모두에게 적용되어야 한다. 규칙은 단순한 규제가 아닌 일종의 약속이라고 할 수 있는데, 타인과의 약속이 중요한 만큼, 자기 자신과의 약속을 지키는 것도 내 삶의 질서를 유지하는 데 필수적이다.

삶에서의 덕(德) 적용은 타인을 따뜻하게 대하고 선의를 통해 감화를 끌어내는 것이다. 형이 규칙과 책임으로 질서를 유지한다면, 덕은 사람들의 자발적인 동기와 신뢰를 기반으로 관계를 형성한다. 한비자가 형과 덕의 조화를 강조했듯, 일상에서도 이 두 가지 원칙의 균형이 필요하다. 예를 들어, 자녀를 교육할 때 지나친 통제보다는 규칙을 앞세우되, 칭찬과 인정을 통해 긍정적인 동기를 부여하는 것이 효과적이다. 이를 통해 질서 유지와 자발성이 공존하는 환경이 조성되어 어느 한쪽만 강조하는 방법보다 더 좋은 결과를 얻을 수 있다.

- 조조의 유재시거

조조의 '유재시거(唯才是擧)'는 인재를 등용하면서 출신 배경이나 과거의 행적을 따지지 않고 오로지 능력만을 기준으로 삼는 인사 원칙이다. 이는 조조가 다양한 인재를 적재적소에 배치하여 자신의 세력을 확장하고 강화하는 데 크게 이바지하였다.

적벽대전에서 유비와 손권의 연합군에게 대패한 조조는 이후 전쟁의 승패는 사람에게 달려 있다는 생각으로 철저히 능력 위주의 인사정책을 펼쳤다. "누구든 능력이 있으면 천거하라. 그를 귀히 쓸 것이다. 사생활이 어쩌느니, 도덕심이 어쩌느니 하는 한가한 소리는 그만두라."라는 엄명도 함께 내렸다. '유재시거'란 오직 재주가 추천의 기준이라는 뜻으로, 능력 위주의 인사 원칙을 말하는 것이다.

조조가 유재시거의 원칙을 적용하여 과거의 행적에 문제가 있더라도 등용하여 활용한 인재들의 예는 많다. 그 대표적인 예가 허유이다. 허유는 원소의 참모였으나 원소와의 불화로 원소를 배신하고 조조에게 투항했다. 그의 교만스러운 성격과 탐욕스럽고 안하무인적인 태도 때문에 원소와 갈등을 겪은 것이다. 조조는 투항한 허유를 받아들였고, 허유는 조조에게 원소의 군량 창고 위치를 알려주어 조조가 원소를 패배시키는 데 결정적인 공을 세웠다.

장합은 본래 원소의 장수였으나, 원소의 패망 후 조조에게 투항했다. 원소를 섬기던 시절, 장합은 여러 번 주군을 바꾼 전력이 있었다. 그렇지만 조조는 장합의 전투 능력을 높이 평가하여 그를 중용했고, 장합은 이후 조조의 북방 평정 및 여러 전투에서 중요한 역할을 하였다. 이 이외에도 가후와 순유 등 과거 행적에 문제가 많지만, 능력이 있으면 조조가 등용한 인재가 많다.

조조의 유재시거는 혼란한 시대에 인재를 최대한 활용하여 자신의 세력을 확장하고 정권을 안정시키는 데 중요한 역할을 했다. 능력을 기준으로 인재를 등용함으로써 다양한 배경과 경험을 가진 인물들을 자신의 편으로 끌어들이는 데 성공했다.

능력 있는 인재를 채용할 때는 그들의 장점과 결점을 함께 고려해야 한다. 누구에게나 강점이 있지만, 약점도 있기 마련이다. 중요한 것은 결점이 있다고 해서 배제하지 않고, 그 사람이 가진 강점을 최대한 발휘할 수 있는 자리에 배치하는 것이다.

예를 들어, 영업 부문에서 뛰어난 능력을 보고 채용했다면, 반드시 영업 분야에서 역량을 발휘할 수 있도록 해야 한다. 이를 무시하고 생산이나 구매 업무를 맡긴다면 그 인재가 가진 잠재력을 충분히 활용하지 못하게 된다. 채용은 단순히 능력만 보는 것이 아니라, 그 능력을 빛나게 할 환경과 역할을 제공하는 것까지 포함되어야 한다. 이를 통해 조직과 개인이 모두 성장할 수 있는 기반을 마련하는 것이 진정한 유재시거의 지혜라 할 수 있다.

중국의 삼국시대를 배경으로 하는 중국의 역사소설 『삼국지연의』에는 촉나라의 유비와 관우, 장비가 도원결의를 하는 내용이 나온다. 유비와 관우, 장비는 살아 있는 동안 도원결의대로 형제 이상의 신뢰 관계를 유지한다. 관우가 조조와의 전투에서 인질로 잡힌 적이 있는데, 관우는 한날한시에 죽자는 도원결의의 약속을 지키기 위해 죽지도 못했다. 조조는 관우라는 인재를 자기 사람으로 만들기 위해 관우에게 여포가 타던 명마인 적토마를 선물하며 회유하지만, 관우의 결심은 변하지 않는다. 관우가 조조에게서 적토마를 받은 이유는 형인 유비를 만나러 좀 더 빨리 가기 위해서라는 말을 듣고, 조조는 '아, 역시 어쩔 수 없는 위인이구나.'라고 말하면서 이 사람은 자기 사람이 될 수 없다는 것을 깨닫고 관우를 돌려보낸다. 이 일로 조조는 관우를 더욱 높이 평가하게 되었다. 그 후 관우는 오나라 손권과의 싸움에서 패배해서 죽게 되고, 손권이 관우의 주검을 조조에게 보내자, 조조는 죽은 관우를 보고 천하의 인재를 잃었다며 대성통곡하고는 관우를 후히 장사지냈다. 관우의 묘가 위나라에 있게 된 이유이다.

조조의 유재시거에 입각한 인재 등용은 조직이 성공하는 데 능력 중심의 인재 등용이 얼마나 중요한지를 보여주는 사례로, 현시대의 인재 경영에도 중요한 교훈을 준다. 이는 리더십의 유연성과 포용력을 강조하며, 능력 있는 인재를 효과적으로 활용하는 방안을 보여주는 것이다. 현시대는 평생직장의 개념이 사라졌다. 능력이 없으면 권고사직을 당하며, 능력 있는 인재는 다른 직장에 스카우트되기도 한다. 조조의 유재시거는 과거에도 주효했지만, 어떻게 보면 현시대에 더 타당한 인재 경영의 방식이라 할 수 있다. 그렇기에 난 세 가지의 인재 경영 철학 중 조조의 유재시거를 으

뜸으로 여긴다.

　덕산에서는 인재를 등용할 때 조조의 유재시거를 기준으로 삼았다. 그래서 학연. 지연 등을 따지지 않고 능력을 우선하여 등용했는데, 그 결과 많은 인재가 덕산으로 모여들었고, 덕산의 발전을 이룰 수 있었다.

　조조의 유재시거(唯才是擧) 원칙은 사람을 평가할 때 편견이나 선입견에 흔들리지 않고, 각자의 능력과 성과를 공정하게 인정하는 것을 말한다. 흔히 사람을 판단할 때, 출신 학교, 가족 배경, 외모나 성격에 따라 평가하는 경향이 있는데, 유재시거의 정신은 이런 요소 대신, 그 사람의 진짜 실력과 노력에 주목한다. 이는 사회에서 진정한 가치를 가진 사람을 만날 수 있게 한다.

　다양한 배경과 경험을 가진 사람들에게 열린 마음을 가지고, 그들의 잠재력과 재능을 인정하는 것은 우리 사회를 더욱 포용적으로 만들 뿐만 아니라, 서로가 각자의 강점을 통해 긍정적인 변화를 끌어내어 개인과 공동체가 함께 성장할 수 있는 환경을 만들어 낼 수 있다.

스스로 일류의 대열에
속해 있어야 한다

　기회는 그냥 오는 것이 아니라 스스로 만드는 것이다. 기회가 오는 것을 기다리는 것은 감나무 밑에서 입을 벌리고 감이 떨어지기를 기다리는 것과 같다. 감이 먹고 싶다면 감나무 위로 올라가든가, 장대로 감을 떨어뜨려야 한다.

　낭중지추(囊中之錐)는 '주머니 속의 송곳'이라는 뜻의 중국 고사성어로, 송곳이 주머니에 들어 있으면, 날카로운 끝이 주머니를 뚫고 나오는 것처럼, 숨기려 해도 자신의 능력이나 재능이 자연스럽게 드러난다는 것을 비유적으로 말한 것이다. 이것은 뛰어난 재능을 가진 사람은 어디서든지 그 재능이 드러나기 마련이라는 의미를 지니고 있다.

낭중지추란 말은 유방[5]의 책사였던 장량[6]이 한신을 추천하며, "그의 재능은 주머니 속의 송곳과 같아서, 가만히 있어도 그 날카로움이 드러납니다."라고 한 데서 유래했다. 이는 한신의 뛰어난 군사적 재능과 전략적 통찰력을 강조한 표현이다. 유방은 장량의 추천을 받아들여 한신을 중용했고, 한신은 이후 여러 전투에서 탁월한 전략을 펼치며 유방의 승리에 큰 공헌을 했다. 이처럼 낭중지추는 인재를 알아보는 것을 비유해서 쓰는 말이다.

또 이 말은 중국 전국시대 조(趙)나라의 재상 평원군(平原君)과 모수(毛遂)[7]의 대화에도 나온다. 전국시대에 조나라는 진의 공격을 받았다. 조나라 해문왕은 진나라에 대항하기 위해 재상인 동생 평원군이 옆 나라인 초나라를 설득하도록 해서 연합군을 결성하고자 했다. 평원군에게는 많은 식객이 있었지만, 초나라로 가는 사신을 선발하는 데 어려움을 겪고 있었다. 원래 20명의 문무 양면으로 뛰어난 인재들을 모으려 하였으나 문이 뛰어나면 무가 부족하고, 무가 뛰어나면 그 반대라 평원군은 20명을 다 채우지 못하여 머리를 싸매고 있었다. 그 와중에 평원군 밑에 오랫동안 식객으로 있었던 모수라는 사람이 나타나 평원군에게 자신이 사신으로 가겠다고

---

5 유방(劉邦, 기원전 246년~기원전 195년)은 기원전 206년, 한(漢)나라를 건국하였으며 한고조(漢高祖)로 불린다. 유방의 참모로서 천하 통일에 결정적인 역할을 한 사람이 소하, 장량, 한신의 3인이다.
6 중국 초한 쟁패시대부터 전한(前漢) 한고조(漢高祖) 시대의 정치가 및 전략가. 본래 한(韓)의 귀족 출신으로, 유방의 참모로 활약하며 그의 천하통일에 크게 공헌했다.
7 중국 전국시대 조나라의 평원군 조승(趙勝)의 식객.

자청했다. 처음에는 아무도 모수의 능력을 믿지 않았고, 평원군도 그를 신뢰하지 않았다. 평원군은 모수에게 "무릇 현명한 선비의 처세라고 하는 것은 비유하자면 주머니 속에 있는 송곳(囊中之錐)과도 같아서 당장에 그 끝이 드러나 보이는 것입니다. 지금까지 식객으로 있으면서 능력을 발휘한 적이 없지 않습니까?"라고 물었다. 그랬더니 모수는 "나를 주머니 속에 넣은 적이 없지 않습니까? 저는 오늘에서야 선생의 주머니 속에 있기를 청합니다. 저를 일찍부터 주머니 가운데 있게 했다면 자루까지도 밖으로 나왔을 것입니다."라고 말했다. 능력을 발휘할 기회도 주지 않고 그런 평가를 하느냐는 의미다. 모수는 결국 사절로 발탁되어 초나라에 가서 설득에 성공했고, 연합군 결성에 중요한 역할을 했다. 이로 인해 그의 능력과 지혜가 입증되었다.

   나는 여기서 모수가 한 말에 대해서 생각해 볼 필요가 있다고 생각한다. 모수의 말은 자신은 능력이 있는데, 그런 기회를 주지 않아 능력 발휘를 하지 못했다는 의미다. 이것은 수동적인 삶의 자세다. 자신이 능력이 있으면 능동적이고 적극적으로 능력을 펼치며 사는 것이 맞다. 호주머니 안에 넣어주길 기다리는 것은 감나무 밑에서 입을 벌리고 감이 입속으로 떨어지기만 기다리는 것과 무엇이 다른가? 감을 먹으려면 감나무 위로 올라가야 하듯이 호주머니 속에 넣어주길 기다리는 것이 아니라 자신이 그 호주머니 속으로 들어가야 한다.

호주머니 속에 들어 있는 송곳은 언제든지 호주머니를 뚫고 나올 수밖에 없다. 그렇기에 호주머니에 들어가는 것은 기회가 오면 발탁될 수 있는 준비가 된 것을 의미한다. 기회는 준비된 자에게만 찾아온다. 여기서 중요한 사항은 호주머니 속이 기회의 존(zone)이며, 그 속에 자신이 스스로 들어가려고 노력했느냐의 여부이다. 모수가 스스로 호주머니 속으로 들어갔다면, 그는 능력을 발휘할 기회를 훨씬 더 많이 얻었을 것이다.

기업 경영의 관점에서 낭중지추의 호주머니 속은 일류의 대열 혹은 일류 그룹이라 말할 수 있다. 일류가 경쟁하는 대열에 끼어 있어야 발탁될 기회가 생긴다. 우리와 거래하는 삼성은 세계 일류를 지향하는 경영을 한다. 나는 일류를 지향하는 삼성의 경영에 매력을 느낀다. 삼성은 삼성전자, 삼성전기, 삼성디스플레이, 신라호텔 등 모든 계열사가 미래 비전이 있는 업종의 일류 대열에서 두각을 나타내고 있다. 따라서 협력기업이 삼성에 발탁되기 위해서는 일류 그룹에 들어가 있어야 한다. 나도 일류에 끼일 수 있는 경영자가 되기 위해 노력했으며 삼성과 거래하며 삼성의 이러한 정신을 배우고자 노력했다. 그 결과 덕산하이메탈이 생산하는 반도체 후공정 제품인 솔더볼은 덕산이 우리나라뿐만이 아니라 세계에서 최고 일류이다. 덕산네오룩스의 OLED 소재도, 방위산업 업체인 덕산넵코어스의 제품들도 모두 세계 일류를 지향하는 것은 마찬가지다.

나는 항상 일류가 되겠다는 마음가짐과 자세가 되어 있다. 따라서 모수가 "호주머니 속에 넣어주지 않아 자신이 능력을 발휘할 기회를 가질 수 없었다."라고 말한 것에 대해 스스로 일류에 들기 위해 얼마나 노력했느냐고 반문하고 싶은 것이다. 치열한 기업 경쟁에서 가만히 있어서는 일류 대열에 낄 수 없다. 적극적으로 노력해야 일류 대열에 낄 수 있다. 세계 최고가 되려면 일류의 대열에 들어가 있어야 한다. 그 일류 대열을 의미하는 공간이 낭중, 즉 호주머니 속이다.

- **일류가 되는 삶**

일류가 되는 삶을 살기 위한 태도는, 자신의 목표를 설정하고 그 목표에 필요한 역량을 키워 나가면서 주도권을 쥐기 위한 노력을 멈추지 않는 것이다. 학업, 직장, 취미 등 모든 영역에서 최고를 목표로 꾸준히 노력하며 실력을 쌓아 가야 비로소 원하는 수준의 성취를 이룰 수 있고 인정도 받을 수 있다.

또한, 일류의 대열에 속해 있다는 것은 언제든 기회가 찾아왔을 때 바로 실력을 발휘할 준비가 되어 있는 상태이다. 자신의 실력을 쌓고 유지하며 준비하는 과정을 통해 일류가 되어 있다면, 그것은 마치 호주머니 속의 송곳처럼 밖으로 드러날 수밖에 없는 것이다. 즉, 일류가 될 준비가 된 사람은 언제든지 기회가 닥치면 일류가 될 기회를 잡을 수 있다는 것이다.

삼고초려의 정신이
발전시킨 덕산

　삼고초려(三顧草廬)라는 말은 중국 삼국시대의 고사로 유비가 제갈량을 자기 사람으로 만들기 위해 세 번이나 그의 초가집을 찾아갔다는 이야기에서 비롯되었다. 능력 있는 사람을 얻기 위해 끈기 있게 노력하고, 진정성 있는 자세로 예를 다하는 것을 의미한다. 유비는 뛰어난 전략가가 필요했는데, 제갈량이 그 적임자라고 생각했다. 그러나 제갈량은 숨어 살며 세상일에 나서지 않으려 했다. 유비는 제갈량을 찾아갔으나 두 번 모두 만나지 못했고, 세 번째에서야 제갈량을 만나게 되었다. 그 과정에서 유비의 겸손하고 진정성 있는 태도에 감동한 제갈량은 마침내 유비를 돕기로 했다는 일화다.

　기업 경영에서 유능한 인재를 영입하는 것만큼 중요한 일은 없다.

나름 잘나가던 대기업 부장직을 그만두고 내 사업을 하겠다고 덕산산업을 시작했으나, 납품 사업에 한계를 느끼고 새롭게 혁신을 이루겠다고 도전한 사업이 도금업이었다. 처음 시작한 도금공법은 아연도금이었으나 3년여가 지난 후 새로운 혁신을 시도했다. 새로운 기술인 알루미늄 도금공법을 도입하려 한 것이다. 이때, 덕산에 알루미늄 도금 기술을 정착시켰을 뿐만 아니라, 기존에 취급하던 아연도금도 불량을 감소시키고 품질을 향상시켜 덕산의 도금업을 궤도에 올려놓게 한 사람이 지금 소개하고자 하는 박여일 부사장이다.

유능한 인재를 등용하기 위해 유비가 제갈량을 삼고초려 했다면, 나는 박여일 부사장을 삼고초려의 심정으로 영입했다. 알루미늄 도금공법을 도입하기로 하고 기술자를 채용하려고 수소문해 보니, 부산에 알루미늄 도금 업체가 하나 있었는데 무리한 사세 확장 때문에 문을 닫았으며, 그 회사의 수석 기술자가 놀고 있다는 소문을 접했다. 그가 박여일이었는데 그는 내가 삼고초려의 심경으로 영입하여 나중에 덕산산업의 부사장까지 지냈다. 사업을 하면서 여러 사람을 만났지만 그만큼 내 기억에 뚜렷한 흔적을 남긴 사람은 없었다.

나는 부랴부랴 박여일을 찾아갔다. 그리고 덕산과 함께 꿈을 펼쳐나가자고 간곡히 설득했다. 그렇지만 그 과정은 쉽지 않았다. 처음에는 망설이다가 궁극적으로 그가 내세운 조건은 "시설 투자가 필요할 때, 제가 투자를 하라고 하면 망설이지 않고 투자할 수 있 겠습니까?"라는 것이었다. 나는 두말도 하지 않고 단번에 그러겠 다고 약속했다. 사업하는 사람에게는 신중한 판단이 필요한 것이 어서 그의 그러한 요청은 약속하기가 쉽지 않았지만, 투자는 적기 에 해야 투자 효과를 볼 수 있다는 것이 평소 나의 경영 신조인지 라 그의 요청을 오히려 반겼던 것이다. 그러자 그는 나와 함께 일 하겠다고 하며, 같이 일하던 기술자 두 명도 함께 데리고 왔는데, 그들은 나중에 덕산의 핵심 기술자로 자리를 잡았다.

그는 우리 회사에 채용된 처음 얼마간은 일을 잘했으나, 얼마 되지 않아 곧 기술자 특유의 괴팍한 버릇이 나왔다. 1년에 꼭 한 두 번 정도는 무단으로 결근하거나 그만두겠다고 버티며 사장에 게 애를 먹이는 것이었다. 주로 자기 마음에 들지 않는 일이 있을 때나 나와 의견 충돌이 있어서 자기 의사가 관철되지 않을 때인 데, 그때마다 아랫사람들은 "우리 부사장님 또 고질병이 도졌네." 라고 하곤 했다. 그가 그런 성질을 부리면 나는 머리에 피가 말랐 고, 그를 말리느라 진이 빠졌다. 그렇지만 나는 그의 기술을 믿었 기에 힘이 들더라도 그를 달래고 그를 우리 사람으로 만들려고 노 력했다. 인재는 영입할 때뿐 아니라 영입한 후에도 능력을 발휘할 수 있는 여건을 조성하기 위해 인내심과 삼고초려의 정신이 필요 하다고 새삼 느낀다.

결국, 그는 나에게 많은 도움을 주었다. 그가 가지고 온 드금 기술로 알루미늄 도금 분야에서 우수한 품질의 제품을 생산할 수 있었을 뿐만 아니라, 도금에 관한 그의 탁월한 지식과 노하우 덕분에 기존에 취급하던 아연도금에서도 품질을 안정시키고 생산성을 향상시킬 수 있었다. 그 결과 덕산은 대외적인 신인도가 높아지며 매출도 한껏 신장되었다.

박여일 부사장의 영입은 덕산그룹의 역사에서 중요한 전환점이었다. 그가 온 이후 이익이 괄목할 만큼 늘어났으며, 도금 사업이 안정되면서 여유자금이 생기기 시작했다. 이는 덕산이 새로운 도전을 할 수 있는 기반이 되었는데, 당시 벤처사업이었던 솔더볼 사업 투자에 필요한 초기 투자의 자금원이 되었다. 나아가, 이러한 재정적 기반은 덕산네오룩스를 비롯한 다양한 기업을 M&A 할 수 있는 중요한 발판이 되었다.

이 사례는 훌륭한 인재를 영입하는 것이 기업에 얼마나 중요한 변화를 일으킬 수 있는지를 보여주는 좋은 예다. 좋은 인재는 단순히 회사의 한 분야에서만 능력을 발휘할 수 있는 것이 아니라, 전반적인 사업의 방향성을 바꾸고 회사가 새로운 도전을 할 수 있도록 만들어주는 핵심적인 역할을 한다. 좋은 인재의 영입은 단순히 개인의 성과에 그치지 않고, 회사 전체에 긍정적인 파급효과를 미치며, 기업의 장기적인 성장을 견인하는 중요한 요소가 된다. 그렇기에 리더는 유능한 인재를 가까이 둘 수 있도록 항상 유념해야 하며, 유능한 사람을 스카우트하기 위해서는 삼고초려의 정신으로 정성을 쏟아야 한다.

　삼고초려의 정신은 인간관계에서 진심과 인내, 그리고 상대방을 향한 존중의 중요성을 상징한다. 새로운 인연을 맺거나 소중한 관계를 유지하고자 할 때 이러한 정신과 태도로 접근하면 좋은 성과를 얻을 수 있다. 삼고초려 정신의 핵심은 상대방을 진심으로 존중하고 그 가치를 알아보는 태도다. 인간관계는 한 번의 만남으로 깊어지기 어렵다. 유비가 제갈량을 세 번씩이나 찾아갔듯이 신뢰와 친밀감은 꾸준한 노력과 시간을 통해 쌓이는 것이다. 상대방이 마음을 열고 자신을 받아들일 수 있는 시간을 주는 것도 중요하다.

열 번째 사람

집단사고의 함정에서 벗어나기

'열 번째 사람(The Tenth Man)'은 이스라엘의 안보회의에서 시작된 '열 번째 사람의 법칙'에서 유래한 개념으로 중대 사안을 결정하는 10인 기구에서 만약 아홉 명이 같은 결론을 도출하면 마지막 열 번째 사람은 의무적으로 다른 의견을 제시하도록 하는 의사 결정 제도이다. 이는 집단사고의 함정에서 벗어나 다양한 생각과 사고를 하도록 하는 제도이다.

'집단사고(Groupthink)'는 1972년, 미국의 사회 심리학자 어빙 재니스(Irving Janis)가 제시한 개념으로, 응집성이 강한 인원으로 구성된 집단 내에서 의사 결정을 할 때, 각자의 목표나 열정, 생각, 노력, 가치가 반영되지 못하고 하나의 획일적인 방향성만을 가지게 되는 의사 결정 성향을 말한다. 민주주의에서는 다수의 멤버가 정하는 대로 의사가 결정되고 상호 협력하고 조화롭게 의견을 나누지만, 집단사고의 상황에서는 비판적 사고나 대안적인 관점이 무시되거나 억제될 가능성이 존재하며, 이로 인해 비합리적이거나 비효율적인 결정을 내릴 위험도 도사리고 있다. 조직 대다수의 멤버들이 건강한 의견을 도출할 때는 별문제가 되지 않겠지만, 행여 잘못된 방향으로 상황이 진행되면, 집단사고에 의해 채택된 의사 결정이 조직을 위험에 빠뜨릴 수도 있다. 이것이 바로 전체주의적 사고의 위험이다.

정치 분야에서의 집단사고는 정책 결정, 전략적 판단, 또는 선거 캠페인 등 다양한 상황에서 발생한다. 현재 우리나라 정치권은 한 개의 정당이 과반 의석을 점하고, 다수당으로서 국회를 장악하고 있다. 다수결의 원리에 의해 의사를 결정하고 있다고 하지만, 일반 국민들의 시각에서 볼 때 그 의사 결정의 내용이 100% 올바르다고 보이지는 않는다. 이러한 상황을 보면서 집단사고의 함정이란 말을 실감하게 된다. 집단사고의 함정에 빠지지 않기 위해서는 어떤 조직이건 구성원의 다양성을 가지는 것이 중요하다.

집단사고의 함정이 표출되는 곳은 정치에서뿐 아니라 기업에서도 마찬가지다. 예를 들어 기업에서 리더가 자신이 원하는 방향과 결과를 제시할 경우, 그 밑에 있는 직원들은 리더의 눈치를 보며 비판적 사고 없이 리더의 의견을 그저 옳다고 믿고 따라가는 경우가 많다. 리더가 제시한 방향이 옳을 때는 문제가 없겠지만, 리더가 잘못된 생각을 할 때는 기업이 매우 위험한 상황에 부닥치게 된다. 그렇기에 리더는 자신의 참모로 다양한 사람들을 두어야 한다. 특히 객관적 눈을 가지고 있는 한 명의 반대자, 즉 바른말을 잘하는 참모를 옆에 두고 그의 말을 경청할 수 있도록 해야 한다. 그는 지도자의 거울 역할을 하는데, 지도자의 거울은 객관성을 잃지 않고 비판적 사고를 할 수 있으며 단호하게 말을 해주는 사람이어야 한다.

중국 고사에 지록위마(指鹿爲馬)라는 말이 있는데 그 뜻은 '사슴을 가리켜 말이라고 한다.'라는 것이다. 진나라의 환관 조고는 진시황이 죽은 후 어린 황제를 조종하며 권력을 독점하게 된다. 그는 자신의 권세를 시험하고 신하들의 충성을 확인하기 위해, 궁중에서 사슴을 가리키고 "이것은 말이다."라고 말했다. 당시 신하들은 조고의 권력에 눌려 사슴을 사슴이라 말하지 못하고, 그저 그가 말이라고 한 대로 동조하거나 침묵했다. 이 고사는 권력 앞에서 진실이 무시되고 왜곡될 수 있음을 상징적으로 보여준다. '지록위마'는 개인이 권력을 남용하거나 사회적 압력이 있을 때 다수의 사람이 자명한 진실을 외면하고 거짓을 따르는 상황을 묘사할 때 사용된다.

오늘날에도 다양한 조직이나 사회에서 이와 같은 상황을 찾아볼 수 있다. 절대적인 권력을 가진 리더 아래에서 구성원들은 두려움과 압박 속에 진실을 말하지 못하고, 그 결과 의사 결정 과정이 왜

곡되기도 한다. 이러한 상황이 반복되면 결국 국가나 기업은 몰락으로 이어질 수 있다. 지록위마는 진실 왜곡이 가져올 수 있는 심각한 결과를 경고하는 고사이다.

덕산의 한 계열사의 사장은 뛰어난 스피치 능력과 카리스마를 지녔고, 자연스럽게 조직 내에서 강력한 영향력을 행사했다. 그의 영향력이 워낙 컸던지라 그가 주관하는 회의뿐만 아니라 회장인 내가 주재하는 회의에서도 직원들은 그의 눈치를 살폈다. 회장이 잘못된 내용을 지적하거나 질문을 해도 직원들은 묵묵부답이었고, 그 사장의 눈치만 보고 있었다. 알고 보니 이와 같은 직원들의 침묵은 우연이 아니었다. 평소에 그 사장은 부하 직원이 자신과 다른 의견을 제시하면 공개적으로 면박을 주었고, 결국 직원들은 회의에서 아예 목소리를 내지 않는 것이 더 안전하다고 판단하여 침묵으로 일관하게 되었다. 이는 조직 내에서 자유로운 의견 교환을 하지 못하는 결과를 초래했다. 나는 이러한 문제를 인지하고, 결국 그 사장을 자리에서 물러나게 했다.

조직의 리더는 '가자!' 하며 조직을 이끄는 역할이 중요하지만, 그 이면에는 구성원들의 목소리를 경청하고 존중하는 것이 우선되어야 한다. 다양한 의견을 수용하지 않는 리더는 조직 전체를 위험에 빠뜨릴 수 있으며, 결국 조직의 발전과 성장을 저해할 수 있다. 리더는 강력한 카리스마와 추진력을 갖추는 동시에, 팀원들이 자유롭게 의견을 개진할 수 있는 민주적인 분위기를 조성해야 한다. 그렇지 않으면 조직은 경직되게 되어, 개인의 창의성 발휘와 혁신이 막히게 되어 조직의 장기적인 발전을 저해하게 된다.

또, 조직 내에는 열 명 중 단 한 명이라도 다른 목소리를 내는 사람이 있어야 하며, 진정한 리더라면 그 말에 귀를 기울일 수 있어야 한다. 그래야 집단사고의 함정에 빠지지 않는다.

- 개인의 삶에서의 열린 마음은 경청하는 것

조직에서 리더가 팀원들의 의견을 존중하는 것이 필수적이듯, 개인의 삶에서도 다양한 관점과 의견을 수용할 줄 아는 태도가 중요하다. 가족이나 친구 관계에서도 자신만의 생각을 고집하기보다는 다른 사람들의 생각에 귀를 기울여야 한다. 이는 더 넓은 시야를 가지게 해주고, 더욱 성숙한 선택을 할 수 있게 해 준다.

또한, 주변의 조언이나 피드백을 무시하고 자기 생각만을 고집하면 개인의 성장과 발전이 제한될 수 있다. 최소한 한 명의 진심 어린 의견에라도 마음을 열어 두는 태도는 자신을 객관화하고 균형 있게 바라보는 데 도움이 된다. 특히 중요한 결정을 내릴 때는 주변의 의견을 열린 마음으로 수용하며, 편협해지지 않도록 스스로 경계할 수 있어야 한다.

The Milestone Ahead

5장

마음으로 이끄는 리더십

이 장은 리더십에 관한 내용이다. 기업 경영의 핵심은 마음으로 이끄는 리더십에 있다. 이는 리더가 명확한 비전을 제시해 조직의 지향성을 설정하고, 신뢰를 기반으로 팀원들과의 관계를 강화하는 데서 시작한다. 리더는 구성원들에게 동기를 부여하고, 성장의 기회를 제공함으로써 개인의 목표와 조직의 목표가 균형을 이루도록 해야 한다. 또한, 공감과 포용성을 바탕으로 다양성을 존중하고 수용하는 조직 문화를 조성하는 것도 중요하다. 특히, 리더의 변화 관리 능력은 급변하는 환경 속에서 조직이 유연하게 대응할 수 있도록 하며, 이는 지속 가능한 성장을 하기 위한 필수적인 요인이다. 리더의 역량에 따라 기업이 번영할 수도 있고 쇠퇴할 수도 있음을 명심해야 한다. 마음으로 이끄는 리더십이야말로 기업의 성패를 좌우하는 결정적 요소이다.

보스 말고 리더가 되라

초한지에서 배우는 리더십의 본질

　조직을 이끌어 가는 방식은 크게 두 가지로 나눌 수 있다. 하나는 보스형 리더십이고, 다른 하나는 리더형 리더십이다. 보스는 권위를 내세워 명령을 내리고, 하급자들이 이를 무조건 따르도록 요구한다. 반면, 리더는 자신이 가진 권력을 통해서 사람들을 따르게 하기보다는, 사람들에게 영감을 주고 신뢰를 쌓아 자발적으로 따르게 만든다. 보스형 리더십은 규제와 통제에 중점을 두지만, 리더형 리더십은 신뢰와 협력을 기반으로 한다. 이 두 리더십의 차이는 조직의 성공 여부를 결정짓는 중요한 요소가 되며, 이는 역사 속에서 다양한 사례를 통해 입증되고 있다.

중국의 고전인 초한지(楚漢志)[1]에 등장하는 두 인물, 초나라의 항우와 한나라의 유방은 보스형 리더십과 리더형 리더십을 상징하는 대표적인 인물이다. 항우는 자신의 절대적인 권력을 통해 조직을 통제하는 보스형 지도자였으며, 유방은 다양한 인재를 활용하고 그들의 능력을 극대화하는 리더형 지도자였다. 이들의 리더십 스타일은 결국 초한 전쟁의 결과를 결정짓는 중요한 요소로 작용했다.

항우는 전장에서 뛰어난 능력을 발휘한 장군이었지만, 그가 가진 리더십 스타일은 조직을 지속적으로 유지하기에는 적합하지 않았다. 그는 자신의 힘과 카리스마에 지나치게 의존했고, 부하들의 조언을 제대로 받아들이지 않았다. 대표적인 예로, 항우에게는 책략가인 범증이라는 뛰어난 참모가 있었지만, 항우는 그의 의견을 무시하고 자기의 뜻대로 일을 처리하는 경우가 많았다. 범증은 유방이 세력을 키우기 전에 그를 제거해야 한다고 여러 차례 충고했으나, 항우는 이를 따르지 않았다. 범증의 충고를 무시한 항우의 선택은 결과적으로 유방에게 전략적인 우위를 점하게 하였다. 이러한 보스형 리더십의 한계는 해하(垓下)전투[2]에서 절정에 달했다.

---

1 중국의 역사 소설. 진나라 말기 초나라 항우와 한나라 유방의 기나긴 대립을 묘사하고 있으며, 끝내 한나라의 유방이 이긴다.
2 초한전쟁 말기에 항우와 유방이 벌인 최후의 결전으로서, 이 전투에서 한나라의 명장 한신은 항우의 군대를 해하 지역에서 포위하고 10만 명의 병사 중에 8만여 명의 목을 베어 결정적인 승리를 거두었다.

항우는 자신이 모든 것을 통제할 수 있다고 믿었지만, 이는 오만함으로 이어져 조직 전체의 몰락을 초래했다.

반면 유방은 전혀 다른 방식으로 조직을 이끌었다. 그는 자신의 약점을 인정하고 이를 보완하기 위해 다양한 인재들을 활용했다. 유방은 뛰어난 책략가인 장량, 탁월한 장군인 한신, 그리고 내정과 후방 군수 지원에 탁월한 소하와 같은 인물들을 적재적소에 배치했다. 그는 이들을 신뢰하며 자율적으로 임무를 수행하도록 했다. 예를 들어, 한신은 해하전투에서 '십면매복(十面埋伏)'[3]이라는 탁월한 전술을 사용하여 항우의 군대를 포위하고 결정적인 승리를 거두었다. 유방은 이 과정에서 한신에게 전적인 권한을 부여했고, 이는 유방의 리더십이 단순한 명령과 통제를 넘어선 협력과 신뢰를 바탕으로 이루어졌음을 보여준다. 유방의 리더십은 부하들을 믿고 부하들의 의견에 귀를 기울이는 태도에서도 드러난다. 그는 장량의 조언을 적극적으로 받아들여 위기의 순간마다 이를 극복할 수 있었다.[4] 또한 소하를 신뢰하여 후방을 안심하고 소하에게 맡겨 소하가 안정적으로 군수 지원을 할 수 있었기에 어디든 출정

---

[3] 한신이 해하전투에서 사용한 전략으로, 사방에서 적을 포위하고 매복하여 적에게 탈출구를 주지 않는 전법이다. 이 전략으로 항우는 완전히 고립되었고, 결국 오강에서 자결하며 초나라의 운명도 끝이 났다.

[4] 장량은 유방이 중국 통일이라는 큰 계획을 실천하도록 유방의 곁에서 끊임없이 조언했다. 결정적인 순간마다 적절한 대안을 가지고 유방을 이해시키고 설득하려고 노력하였으며 그때마다 유방은 장량의 조언을 받아들여 난국을 헤쳐 나갈 수 있었다. 장량의 제안을 유방이 거절한 적은 단 한 번도 없었다고 한다.

이 가능했다. 그는 조직 구성원들이 자신의 역할에 자부심을 느끼고 스스로 동기를 부여받아 행동하도록 이끌었다. 이는 단순히 외적인 보상이나 처벌을 통해 동기를 부여하려 했던 항우와는 극명한 대조를 이룬다.

결국, 초한 전쟁의 승리는 유방이 차지했다. 그는 자신의 카리스마나 힘에 의존하지 않고, 조직 구성원들과의 신뢰를 기반으로 한 협력을 통해 성공을 거둔 것이다.

현대 기업 경영의 관점에서 이해하면 유방은 경영을 알았고, 항우는 경영을 몰랐다고 할 수 있다. 이는 오늘날의 기업 경영에도 중요한 교훈을 제공한다. 현대의 조직에서도 항우의 보스형 리더십은 단기적인 성과를 달성하는 데는 효과적일 수 있다. 하지만 이는 조직 구성원들의 자율성과 창의성을 억압하며, 장기적으로 조직의 성장을 저해할 가능성이 크다. 반면, 유방처럼 리더형 리더십을 발휘하면 구성원들이 스스로 동기부여가 되고, 조직은 더 큰 목표를 향해 나아갈 수 있다.

리더십의 본질은 단순히 조직을 통제하는 데 있지 않다. 진정한 리더는 사람들의 마음을 움직이고, 자발적으로 따라오도록 만드는 능력을 지닌 사람이다. 유방은 이러한 리더십의 본질을 몸소 실천한 인물로, 오늘날의 관점에서도 조직 관리와 기업 경영의 본보기가 될 수 있는 인물이다. 그의 리더십은 우리가 조직을 운영할 때 어떤 방식으로 사람들과 협력하고, 신뢰를 쌓아야 하는지를 잘 보여 준다.

덕산그룹에는 여러 개의 회사가 있다. 나는 회사의 대표를 임명하면 몇 년 동안 그의 리더십 스타일과 회사의 성과를 관찰하면서, 계속해서 그 직책을 유지하도록 할 것인가를 판단해 왔다. 지금까지의 경험상, 덕산에서 좋은 성과를 보이며 계속해서 대표직을 유지하며 살아남은 사람들은 대체로 보스형 리더십보다는 리더형 리더십 성향이 있는 사람이었다.

공대 전기전자공학과를 졸업하고 삼성에서 일하다 영입된 K라는 직원이 있었다. 그가 간부가 되었을 때 그는 이공계 출신답게 업무의 아주 세세한 부분까지 꼼꼼하게 확인하는 업무 스타일을 보였다. 그는 맡은 업무에 대한 열정이 대단했고, 나도 업무에 대한 그의 열정에 감탄했다. 그러나 그가 사장이 되자 그의 장점이 오히려 일을 그르쳤다. 그는 자기가 부장, 전무 때부터 해 오던 방식대로, 모든 사안에 대해 일일이 부하 직원의 일을 간섭했다. 프로젝트를 진행하면서 사장이 세부적인 부분까지 사사건건 상세한 지시를 하니, 실무자들은 사장의 지시를 기다리며 자발적, 능동적으로 움직이지 않았고 그것은 추진력을 떨어뜨리는 원인이 되었다. 초급 간부 때와는 달리 사장으로서의 K는 성과가 미진하였고, K 사장의 능력은 거기까지였다.

반면, 그와 대비되는 업무 스타일을 보인 사람으로, 덕산의 다른 계열사를 맡은 P라는 사장이 있었다. 그는 부하 직원들의 일을 일일이 간섭하는 대신 부하 직원들이 알아서 스스로 일을 하도록 하여 부하들의 기를 살려주었다. 부하들의 의견을 존중하며, 부하 직원들이 소신껏 일할 수 있게 분위기를 조성하고, 부하들에게 업무에 대한 재량권을 주었다. 그러자 그의 밑에서 일하는 직원들 사이에서는 열심히 일하는 분위기가 살아났다. 사소한 것이라도 각자가 알고 있는 지식을 테이블 위에 올려놓는 분위기에서 개개인의 창의성이 살아났다. P가 사장을 맡은 지 1, 2년 후에는 그 성과가 확연히 드러났다.

리더는 부하 직원들을 피동적으로 움직이게 할 것이 아니라, 능동적, 자발적으로 일을 할 수 있는 분위기를 만들어야 한다. K 사장은 열정은 있었지만 직원들을 수동적으로 움직이게 만들었다는 의미에서 보스형 리더이며, P 사장은 부하들의 기를 살려 열심히 일하게 만들고, 자발적·능동적·창의적으로 일을 할 수 있는 분위기를 조성했다는 의미에서 리더형 리더라 할 수 있다.

덕산하이메탈을 창업한 초기, 오전에는 덕산산업에서 근무하고, 오후에는 덕산하이메탈로 출근했다. 오후에 덕산하이메탈로 향할 때는 발걸음부터 바꾸며 마음을 가다듬었는데, 그 이유는 두 회사의 사업의 성격이 판이하였기 때문이다. 덕산산업의 사업 내용은 내가 전부터 오랫동안 해왔던 것이기 때문에 내가 전문가였다. 하지만 덕산하이메탈을 창업할 당시 그곳에서 취급하는 아이템에 대해서 나는 전문가가 아니었고, 전문가는 그 분야의 석·박사이자 실제 일을 하고 있는 기술자들이었다. 그들이 알고 있는 지식과 경험을 최대한 활용하게 하기 위해서는 그렇게 할 수 있는 여건부터 조성해야 한다고 생각했다. 전문가가 아닌 내가 전문가인 부하 직원들이 하는 업무에 대해 시시콜콜 간섭한다면 배가 산 위로 가게 될 것이 분명했다. 그들이 본인들의 업무를 하면서 펄펄 날 수 있도록, 최대한 역량을 발휘할 수 있도록 하는 것에만 관심을 가졌다. 기술자들이 알아서 열심히 자신의 업무를 잘할 수 있도록, 동기를 부여하고 격려하는 일만 한 것이다. 그래서 덕산하이메탈로 갈 때는 발걸음부터 조심한 것이다. 그것은 보스가 아닌, 리더가 되기 위한 조심스러운 첫걸음이었다.

나의 이러한 생각은 미국 출신의 작가이자 강사이며, 유명한 자기계발서인 『인간관계론(How to Win Friends and Influence People)』을 저술한 데일 카네기[5]가 주장한 내용과도 일치한다. 그는 리더가 단순히 자신을 대신해 업무를 하도록 지시를 하는 사람이 아니라, 각 구성원의 잠재력을 끌어내는 역할을 해야 한다고 말했다.

---

5 데일 카네기(Dale Breckenridge Carnegie, 1888~1955). 미국의 작가, 강사. 본격적인 자기계발서를 최초로 저술한 사람으로 알려져 있다.

"내가 이룬 모든 성공은 나보다 훌륭한 사람들과 함께 했기에 가능했다." - 앤드루 카네기[6]

일상 속에서 드러나는 리더의 모습은 특정한 조직이나 직위에 국한된 것이 아니라, 사람들과의 관계 속에서 자연스럽게 나타나는 것이다. 다음은 진정한 리더의 특성이다.

1. 행동으로 이끄는 사람이다: 진정한 리더는 말로만 지시하지 않고, 스스로 모범을 보이며 앞장서는 사람이다.

2. 귀 기울일 줄 아는 사람이다: 타인의 말에 집중하고, 그들의 감정과 생각에 진심으로 공감하는 사람이다.

3. 격려와 칭찬을 아끼지 않는 사람이다: 주변 사람들의 장점을 발견하고, 자신감을 심어 주는 사람이다.

4. 책임을 회피하지 않는 사람이다: 문제가 생기면 핑계나 변명보다는 해결책을 찾고, 자신의 행동에 책임을 지는 사람이다.

5. 조화를 이끄는 조정자이다: 갈등이 생겼을 때 중재하며, 공동의 목표를 향해 팀을 하나로 이끄는 사람이다.

6. 긍정의 에너지를 퍼뜨리는 사람이다: 희망과 활력을 전하며, 밝은 분위기를 만들어 가는 사람이다.

---

[6] 앤드루 카네기(Andrew Carnegie, 1835~1919), 미국의 기업인. 철강왕 또는 강철왕으로 알려져 있다. "여기, 자신보다 현명한 사람을 주위에 모으는 기술을 알고 있던 한 사람이 잠들다."라는 묘비명으로 유명하다.

7. 성장을 도와주는 조력자이다: 다른 사람들이 더 나아질 수 있도록 기회를 제공하고 도전을 격려하는 사람이다.

8. 다름을 존중하는 포용자이다: 다양한 배경과 생각을 인정하고, 누구나 자신의 목소리를 낼 수 있도록 돕는 사람이다.

결국, 리더십은 특별한 자리에 있는 사람만이 가지는 것이 아니라, 작은 행동과 태도 속에서도 드러날 수 있는 삶의 자세이다. 주변에 긍정적인 영향을 주고 함께 성장하고자 하는 마음이 진정한 리더의 핵심적인 특성이다.

동기부여의 세 가지 방법과
미켈란젤로 동기

　리더의 핵심 역할 중 하나는 구성원들에게 동기를 부여하는 것이다. 기업 경영에서 동기부여는 회사의 발전이라는 바퀴를 굴러가게 하는 원동력이 된다.

　기업 경영에서 동기를 부여하는 방법은 크게 세 가지로 분류할 수 있는데, 내적 동기부여, 외적 동기부여, 손실적 동기부여가 그것이다.

　먼저 내적 동기부여는 미켈란젤로의 동기라고 불리기도 하는데, 이것은 칭찬이나 금전적 이익, 출세 등의 외적인 보상으로 동기를 부여하는 것이 아니라, 스스로의 흥미나 만족, 성취감이나 도전정신, 자아실현 등과 같이 순수한 내면의 에너지를 끌어올려 스스로 동기가 부여되는 것을 말한다.

르네상스를 대표하는 화가 미켈란젤로[7]는 고집이 세고, 자신의 작품에 대해 굉장한 자부심을 가졌던 인물로 유명하다. 교황 율리우스 2세의 요청으로 바티칸 시국에 있는 시스티나 성당(Sistine Chapel)의 천장에 세계적으로 유명한「천지창조」를 그렸다. 미켈란젤로는 1508년부터 1512년까지 4년에 걸쳐 이 그림을 그렸는데 그 넓이가 무려 $600\,m^2$에 달한다. 이 그림은 르네상스 미술의 걸작으로 평가받고 있으며, 전 세계적으로도 잘 알려져 있다.

그가 천지창조를 그릴 때의 일이다. 천장 벽화를 그리고 있던 어느 날, 천장 밑에 세운 작업대 위에서 불편하고 위태롭게 작업을 하는 미켈란젤로를 보며 친구가 물었다.

"여보게, 그렇게 잘 보이지도 않는 구석에 뭘 그렇게 정성을 들여 그림을 그리고 있나? 완벽하게 그려봤자 누가 알기나 한단 말인가?"

그러자 미켈란젤로가 무심한 듯 한마디를 툭 던졌다.

"나 자신이 안다네."

이 말에는 자신의 작품에 대한 자존심, 자긍심, 완벽함을 추구하고자 하는 도전 정신과 그것을 달성했을 때 느끼는 성취감 등이 담

---

[7] 미켈란젤로 부오나로티(Michelangelo di Lodovico Buonarroti, 1475~1564). 이탈리아의 조각가, 화가, 건축가, 시인. 르네상스 시기를 대표하는 거장으로, 피렌체, 로마 등 이탈리아 여러 지역에 수많은 걸작을 남겼다.

겨 있으며, 작은 것도 허투루 하지 않고 최선을 다하겠다는 의지가 담겨 있다. 이처럼 내면의 욕구나 욕망이 행동의 원동력이 되는 것을 내적 동기라고 말하며, '미켈란젤로의 동기'라고도 부른다.

나는 내적 동기를 아주 중요시하는데, 나 스스로 '소재산업 입국, 그 중심 기업 덕산!'이라는 회사의 슬로건을 만들어 스스로에게 내적 동기를 부여할 뿐만 아니라 회사의 구성원들에게도 내적 동기가 부여되도록 하고 있다.

내가 늘 이야기하듯 제조 기업에 소재는 아주 중요한 요소이다. 그러나 과거 우리나라는 중요한 핵심 소재를 일본이나 미국, 독일 등에서 비싼 돈을 주고 수입하는 경우가 많았다. 핵심 소재를 수입해서 물건을 만들면 소재, 부품의 원가가 큰 비중을 차지하므로 큰 이익은 외국의 소재 부품 회사가 가져가고 우리나라 기업은 그다지 큰 이익을 창출하지 못했다. 그러므로 소재 부품을 국내에서 생산하게 되면 그만큼 국부 유출을 막을 수 있다. 그러니 소재 부품을 생산하는 기업은 자긍심을 가져도 될 만하다.

과거 박정희 대통령 시절 경제성장의 핵심구호로 '공업 입국'을 내세웠는데, 이는 공업으로 나라를 세우자는 의미이다. 나는 이 '공업 입국'이란 말을 '소재산업 입국'으로 바꾸었는데, 소재산업으로 나라를 바로 세우겠다는 의지를 담은 것이다. 소재산업이 발달해야 제조업도 발전할 수 있다고 생각한 것이다. 그런 의미에서 덕산이 반도체 산업의 중요한 소재인 솔더볼을 생산하는 것은, 곧 우리나라 제조업 발전에 크게 이바지하고 있는 것이라는 자긍심을 가질 수 있었다.

이러한 나의 내적 동기를 덕산의 임직원들도 함께 느낄 수 있도록 내 방뿐만 아니라 회사 건물의 외부 벽에도 그 슬로건을 걸어놓고 있다. 덕산의 임직원들이 자긍심을 가지고 내적 동기가 부여되게 하도록 이러한 슬로건 외에 활용하고 있는 또 한 가지의 자긍심 고취 방법이 '소영웅론'이다. 나는 기회 있을 때마다 우리 임직원들에게 "여러분은 소영웅입니다."라고 말하며 긍지를 가지도록 한다. 세계가 소리 없는 경제전쟁을 치르고 있는 지금, 묵묵히 맡은 임무를 충실히 수행하고 있는 덕산의 임직원들이 바로 전장의 일선에서 전투를 치르는 병사와 같은 소영웅이라는 것이다.

내적 동기에서 나온 행동은 주위에 강력한 영향을 미치게 될 뿐 아니라, 자신에게도 커다란 만족감을 준다. 그러므로 그 효과가 오랫동안 지속한다. 자신의 분야에서 크게 성공한 사람 중에 미켈란젤로의 동기를 가진 사람들이 많은 이유가 여기에 있다.

두 번째로, 외적 동기부여는 외부로부터의 칭찬이나 상, 금전적 보상 등에 의해 행동이 유발되도록 하는 동기부여 방법이다. 여기에는 금전적 이익을 내세워 물적 욕심을 자극하여 동기를 부여하는 물적 동기부여 방법과 칭찬이나 승진 등 비물질적인 방법으로 동기를 부여하는 비(非)물적 동기부여 방법이 있다.

예를 들어, 성과를 올렸을 때 성과급을 주는 일은 물적 동기부여에 해당한다. 덕산의 각 부서에서는 매년 자체적으로 달성할 목표를 세우고 사업계획서를 작성하며, 당해 계획한 사업계획은 연말에 달성 여부가 평가된다. 목표를 100% 달성하면 100%의 인센티브가 지급되고 70~80% 달성하면 70~80%의 인센티브가 지급된다. 특별한 성과가 있는 경우 개별적으로 150%의 인센티브를 지급할 때도 있다.

그리고 업무 성과 등을 바탕으로 승진을 시켜 주는 것은 비물적 동기부여에 해당한다. 그러나 이러한 칭찬, 보상, 인센티브, 승진과 같은 외적 동기의 유인은 지급되는 순간 그 효과가 쉽게 사라져버리는 단점이 있다.

세 번째로 손실적 동기부여가 있다. 이것은 주어진 과업을 해결하지 못했을 때 손해나 손실을 주어 그것을 회피하기 위한 행동을 유도함으로써 동기를 유발하는 것을 말한다.

어느 날 프로이센의 재상이었던 비스마르크가 친구와 사냥을 나갔는데, 친구가 잘못하여 늪에 빠졌다. 나무를 던져주는 등 여러 방법을 시도했지만, 늪에 빠진 친구는 쉽사리 나올 수가 없었다. 그냥 두었다가는 죽게 생겼다고 생각한 비스마르크는 친구에게 사냥총을 겨누었다. 배신당했다고 생각한 친구는 죽을힘을 다해 늪에서 빠져나오기 위해 몸부림쳤다. 겨우 빠져나왔을 때쯤 비스마르크는 친구에게 손을 내밀어 구해 주며 말했다.

"친구여, 자네가 죽을힘을 다해 빠져나오라고 총을 겨눈 것일세!"

그렇다. 총을 겨누지 않았다면 그 친구는 죽을힘을 다하지 않았을 것이고, 늪에서 빠져나오지 못했을 수도 있을 것이다.

기업에서는 업무 성과가 좋지 못한 경우 비인기 부서로의 전보나 승진 누락 등으로 불이익을 주어 미션을 성공시키고자 하는 경우가 있다. 주어진 미션을 달성하지 못하는 경우 불이익을 주어 미션을 완수하도록 하는 것이다. 이러한 동기부여 방법을 손실적 동기부여라고 한다. 하지만 손실적 동기부여는 다른 동기부여 방법이 효과를 보지 못하는 경우, 극약처방의 방법으로 마지막으로 시행하는 동기부여의 방법이 되어야 한다.

기업 경영의 관점에서 볼 때 이 세 가지의 동기부여 방법은 모두 경우에 따라 적절히 사용할 수 있는 방법들이다. 일반적으로 내적 동기부여의 바탕 위에서 외적 동기부여와 손실적 동기부여 방법을 적절히 추가했을 때 가장 큰 효과를 발휘할 수 있다고 생각한다. 그러나 성공한 기업인들은 대부분 미켈란젤로의 동기, 즉 내적 동기부여를 잘해야 조직을 잘 이끌 수 있다고 말한다. 그러므로 자발적 동기가 내재한 자긍심과 완벽함을 추구하는 성취감에서 우러나오는 내적 동기를 유발하는 것이 가장 강력한 힘을 발휘하는 동기부여라 할 수 있다.

미켈란젤로의 내적 동기에서 말하는 자긍심과 완벽함을 추구하는 성취감은 삶 전반에 걸쳐 주어진 목표를 달성하는 중요한 원동력이 될 수 있다. 이러한 동기부여 방법을 개인의 삶에 적용하려면 자신 안에서 자연스럽게 동기를 부여할 수 있는 환경과 습관을 만들어야 한다.

먼저 타인과 비교하는 대신, 스스로 설정한 기준에 맞추어 성취를 평가하고 작은 발전도 기뻐하며 스스로를 칭찬하는 습관을 들인다.

둘째, 자부심을 키우는 습관을 만든다. 자신의 강점과 성과를 기록하고, 이를 정기적으로 돌아보는 습관을 들인다.

셋째, 자발성을 존중하는 환경을 만든다. 자신이 좋아하고 잘하는 일을 선택하는 것이 중요하다. 억지로 해야 하는 일이라도 그 안에서 의미를 찾으려는 노력이 필요하다.

넷째, 긍정적인 피드백을 활용한다. 스스로를 격려하고 작은 성공을 축하하며, 긍정적인 루틴을 형성한다.

삶을 '자신만의 걸작'으로 여긴다면, 내적 동기는 자연스럽게 발휘된다. 스스로에게 "지금 내가 하고 있는 일이 내 삶에 어떤 의미를 주는가?"라고 질문하면서, 작은 활동에도 의미를 부여하며 내적으로 동기를 부여하도록 노력하자.

배 안의 적국
주중적국

'주중적국(舟中敵國)'은 '한 배 안에 적이 있다'는 뜻으로, 군주가 덕을 닦지 않으면 가까운 사람들조차 적으로 변할 수 있음을 뜻하는 고사성어이다.8

위(魏)나라의 장군 오기(吳起)는 병사들과 고락을 함께하며 그들의 신뢰를 얻었다. 어느 날, 위나라 무후(武侯)가 서하(西河)에서 배를 타고 경치를 감상하며 "이 산과 강의 견고함이야말로 우리나라의 보배로다"라고 말했다. 그러자 오기는 "국가의 견고함은 지형이 아니라 군주의 덕에 달려 있습니다. 군주께서 덕을 닦지 않으시면 이 배 안의 사람들도 모두 적국의 사람이 될 수도 있는 것입니다(若

---

8 이 말은 사마천의 『사기(史記)』 중 「손자오기열전(孫子吳起列傳)」에 나온다.

君不修德, 舟中之人盡爲敵國也)"라고 답변했다. 나라를 지켜 나아가는 데는 험준한 국가의 위치, 즉 지형이 아니라 리더가 얼마나 덕을 갖추느냐에 달려 있다는 의미로 한 말이다. 이 일화에서 '주중적국'이라는 말이 유래하였으며, 이는 군주나 지도자가 덕을 쌓지 않으면 내 편이라고 믿었던 내부의 사람들조차 적으로 돌변할 수 있음을 경고하는 의미로 사용된다.

기업 경영에서도 주중적국의 상황이 발생할 수 있다. 기업의 리더가 덕을 쌓지 않으면 조직 내부에서도 조직의 이익에 반하는 배신행위가 발생할 수 있는 것이다. 이러한 배신행위의 적극적인 행동은 회사의 이익에 직접적인 손해를 끼치는 행위를 하는 것이고 (금전적 손실, 회사 기밀의 사적 이용, 대외 신인도 손상, 주주 손실 야기 등), 소극적인 표현은 기회주의적 행동(회사를 버리고 다른 조직으로 떠나는 것 등)을 하는 것이다. 이러한 배신행위를 하는 이유는 다양하겠지만 가장 주요한 이유는 기업의 리더가 조직원에게 신뢰받지 못하는 것이다. 이러한 경우 내부 불만이 축적되어 배신행위를 할 수 있다. 두 번째는 회사의 목표와 개인의 목표가 양립하지 않는 경우이다. 기업과 조직 구성원 간에 비전과 가치가 공유되지 못하면 개인은 회사에 희망이 없다고 판단하여 미련 없이 회사를 버릴 수 있는 것이다. 따라서 리더가 덕을 쌓아서 신뢰를 얻는 것이 무엇보다 중요하다.

그러나 현대의 자본주의 사회에서는 기업에 대한 조직 구성원의 전적인 충성심은 점점 기대하기 어렵게 되었다. 자본주의 시스템에서는 개인의 이익이 우선되며, 직원들은 자신의 커리어 발전, 더 나은 보상, 혹은 개인적 삶의 목표를 추구한다. 즉, 직원들의 회사에 대한 충성심은 그들이 받는 보상이나 기회에 따라 변화할 수 있다. 이런 맥락에서, 회사는 직원들에게 무조건적인 충성심을 기대하기 어렵다. 그렇지만 기업의 리더가 덕을 쌓아 조직원들을 감화시킬 수 있다면 조직 구성원의 배신행위나 기회주의적 행동은 한층 감소할 것이라고 기대할 수 있다. 이것은 기업을 경영하는 데 있어서 대단히 중요한 것이다. 통상적으로 물은 밑에서 흐려지는 경우가 있지만, 물이 위에서부터 오염되어 흐르는 경우에는 물 전체가 흐려지게 된다. 그러니 리더는 항상 옷깃을 가다듬고 행동거지 하나하나도 조심하고 신중히 해야 하며, 구성원들에게 본보기가 되어야 한다. 그렇게 한다면 부하들도 자신의 행동에 신중을 기할 것이다.

그럼에도 불구하고 조직 구성원이 회사의 이익에 반하여 배신을 하는 상황이 발생했을 때는 초기에 신속하게 문제의 본질을 파악하고, 관련자를 조사한다. 마키아벨리가 언급한 군주의 원칙처럼, 심각한 사안에서는 엄정한 처벌을 통해 일벌백계함으로써 재발을 방지해야 한다. 또한 감정에 휘둘리지 않고 조직의 규칙과 가치를 기반으로 처벌해야 한다. 문제의 근본 원인을 제거하고, 재발하지 않도록 시스템을 개선하여 조직의 강점으로 바꿀 기회로 활용해야 한다.

덕산에서도 주중적국의 상황이 발생한 적이 있다. 어느 날, 덕산 네오룩스 연구소 내의 한 리더와 그 부서의 직원 대여섯 명이 동시에 사직 의사를 밝혔다. 이것은 상당히 이례적인 일이라 당국에 수사를 의뢰했다. 조사 결과 그 리더는 상당히 높은 연봉을 제시받고 자신의 부하들까지 데리고 중국의 모 회사로 이직을 시도한 것이 밝혀졌다. 또한, 그들의 PC에서 기술 자료가 빠져나간 흔적도 포착되었다.

기술자를 빼내 가려 한 업체는 알고 보니 중국의 디스플레이 부품 생산업체인 A사의 협력업체였다. 그것을 주도한 사람이 누군지를 파악해 검찰에 신고했다. 검찰에서는 그를 요주의 인물로 지정해 영장을 발부받고, 그가 우리나라에 입국할 때 공항에서 체포해 구속했다. 기술을 빼내가려 한 우리 직원들도 결국 법원에서 유죄 판결을 받았다.

사실 이들은 회사에 큰 불만은 없었지만 경쟁 회사의 유혹에 넘어간 경우였다. 경쟁 회사에서 기술을 빼내기 위해 우리 회사 연봉의 10배에 해당하는 연봉으로 이들을 유혹한 것이다. 그렇지만 이들이 가진 기술을 다 빼내면 그들은 토사구팽(兎死狗烹)될 것이 뻔했다. 그렇게 될 때까지의 기간은 길어봤자 2~3년이다. 앞날을 내다보지 못한 우리 회사 직원들의 실수였다. 그럼에도 불구하고 나는 이 일을 단순하게 받아들이지 않고, 그 직원들을 일벌백계함으로써 내부 결속을 다지는 계기로 삼았다. 내부 결속은 직원들의 충성심을 높이는 것과는 차원이 다르다. 직원들에게 무조건적인 충성을 요구하는 것이 아니라, 회사를 단순히 돈 버는 곳이 아닌, 함께 성장하고 발전할 수 있는 공동체로 인식하도록 변화시키는 것이 핵심이었다. 이 일을 계기로 임직원 개개인에 대해 세심하게 관심을 가질 필요가 있음을 새삼 깨달았고, 임직원들에게 회장이 자신들에게 개인적인 관심을 가지고 있다는 인상을 줄 수 있도록 노력하였다.

> "친구와 화목하게 지내되, 그가 적이 되었을 때도
> 부끄럽지 않도록 하라." - 토마스 풀러[9]

인간관계가 좋을 때는 상대방과 서로 아군이지만, 관계가 좋지 않게 깨어졌을 때는 서로 적군이 되기도 한다. 그렇기에 관계를 맺을 때는 일정한 선이 유지되어야 하고 말을 절제하는 것이 필요하다. 그렇지 않으면 과거에 한 말과 행동이 자신에게 부끄럽거나 치명적인 약점이 되어 돌아오기도 한다. 서로 관계가 깨어지지 않도록

---

9 이 말은 영국의 의사이자 성직자, 작가였던 토마스 풀러(Thomas Fuller, 1608~1661)의 말로 전해지며, 도덕적 삶과 인간관계에 대한 통찰을 담고 있다.

조심하는 것이 최상의 방법이지만 살다 보면 좋은 관계가 유지될 수만은 없다. 그렇기에 바람직하지 않은 상황이 발생할 경우에 대비하여 최소한의 방비는 해 두어야 한다.

  인간관계에서 언행을 조심하고 상대를 존중하는 태도는 단순히 오늘의 관계를 유지하는 데 그치지 않고, 미래에 상황이 변화되었을 때에도 자신을 지킬 수 있는 가장 현명한 방법이다.

재량권 부여와 공정한 보상을 통한 성공적인 리더십

리더가 조직을 잘 이끌기 위해서는 부하 직원을 신뢰해야 하고, 부하 직원의 성과에 대해서는 공정한 보상을 해야 한다.

신뢰는 부하 직원의 능력을 믿고, 자율적으로 업무를 수행할 수 있도록 재량권을 부여하는 데서 시작된다. 일을 처리할 때 부하들에게 무엇을 할지 지시하기만 하고, 부하 직원들은 그 지시를 충실히 이행하는 방식이 훨씬 빠르고 효율적이라고 생각할 수 있다. 뿐만 아니라 '부하 직원이 일을 잘 처리할 수 있을까? 혹시 실수를 해서 일을 그르치지는 않을까?' 하는 조바심도 생길 수 있다. 이러한 이유로 부하 직원의 일 처리에 대해 일일이 지시하고 지나치게 간섭하면 오히려 부하 직원의 성장을 방해하고 조직의 효율성을 저해할 수 있다. 혹 부하 직원이 실수를 하더라도 그 실수를 기회로 삼아 스스로 배우고 성장할 수 있도록 하는 환경을 조성해야 한다. 부하 직원의 능력 범위 내에서 자율적으로 판단하고 일을 처리할 수 있도록 재량권을 부여하여야 하는 것이다.

재량권은 자신의 판단에 따라 자율적으로 업무를 처리할 수 있는 권한을 의미하며, 부하는 이를 통해 적재적소에서 능력을 발휘할 수 있게 된다. 부하에게 자유와 재량권을 부여하면 자신의 생각대로 일을 처리할 수 있으므로 창의성이 증진될 뿐만 아니라, 본인의 뜻에 따라서 의사 결정을 하게 되어 일이 더욱 의미 있게 다가오고 행복감을 느끼게 된다. 그러므로 부하에게 재량권을 주는 것은 일의 성과를 향상시킬 수 있을 뿐 아니라 부하에게 일에 대한 만족감을 주어 동기부여를 할 수 있게 된다.

구글은 직원 한 명 한 명에게 업무에 대한 자율성을 부여하여 업무 시간의 20%를 자신이 흥미를 느끼는 프로젝트에 사용하도록 권장하는 제도를 운영한 바 있다. 이 제도는 직원들에 대한 신뢰를 바탕으로 한 재량권 부여의 상징적인 사례로 꼽히는데, 구글은 이 제도를 통하여 다양하고 혁신적인 아이디어를 탄생시켰다. 리더가 직원들에게 재량권을 부여하고 그들의 창의성을 존중할 때, 단순히 개개인의 성장뿐만 아니라 조직의 혁신적인 성과도 도출할 수 있음을 보여주는 사례이다.

그러나 이러한 재량권에 따른 자율성은 책임과 연계되어야 하며, 리더는 재량권 부여에 따른 책임과 결과를 명확히 해야 한다.

재량권 행사에 따른 신상필벌이 적절히 이루어지지 않으면 재량권은 오히려 책임감 없는 업무 수행을 방임하는 결과를 가져오게 된다. 공이 있는 사람에게는 반드시 상을 줘서 동기를 부여하고, 잘못한 사람에게는 확실한 처벌을 내려 기강을 세우는 것이 핵심이다. 그렇지 않으면 직원들이 어떻게 일하든 방임하는 꼴이 되어버린다.

또, 리더는 성과에 따라 공정하게 평가하고 보상해야 한다. 공정한 보상 체계는 직원들의 동기를 강화하는 핵심 요소이다. 구성원이 노력한 만큼 인정받고 보상을 받을 수 있다는 신뢰가 형성되면, 조직은 더욱 강력한 결속력과 헌신을 이끌어 낼 수 있다. 반대로, 공정성이 결여되면 구성원의 사기가 떨어지고 조직의 성장 잠재력이 약화될 위험이 있다.

삼성전자는 조직과 개인의 성과를 공정하게 평가하여 보상하는 성과급 제도를 운영한다. 특히 초과이익성과급(OPI, Over Profit Incentive) 제도를 통해 매년 사업부별로 사업부 실적이 연초 목표를 초과 달성했을 때 초과이익의 일정 비율을 직원들에게 배분한다. 이렇게 함으로써 직원들은 회사 목표 달성에 대한 책임감을 느끼며 동기부여를 받는다. 이러한 체계는 삼성전자가 글로벌 시장에서 경쟁력을 유지하는 데 기여하고 있다고 판단된다.

결국 성공적인 리더십은 '자율성과 책임의 균형', '보상과 규율의 조화'라는 핵심 원칙을 실천하며 조직의 지속 가능한 성장을 추구하는 데 있다.

 재량권은 일반적인 삶에서는 자율성이라 말할 수 있다. 자율성은 스스로 선택하고 행동할 수 있는 자유를 의미하며, 이는 자기 삶을 주도적으로 살아가는 데 필수적이다. 그러나 그 선택에 따른 결과와 책임을 회피하지 않는 자세가 중요하다. 삶에는 자신이나 타인에게 단호함이 필요할 때가 있다. 자신이 세운 원칙이나 가치는 단호하게 지켜야 하며, 타인에게도 필요하다면 "아니요"라고 단호하게 말할 수 있는 용기가 삶의 질서를 세워준다. 이 두 가지가 균형을 이룰 때 삶은 더욱 풍요로워진다.

똑똑하고 게으른 지도자,
멍청하고 부지런한 지도자

한비자의 사상인 법가사상은 나라를 다스릴 때 법과 제도를 중심에 두고 통치해야 한다고 말한다. 반면 노자는 도덕경에서 무위(無爲)를 주장했는데, 이는 '무위자연(無爲自然)'이라는 도가 철학의 핵심 원리를 반영한다. 도가는 자연의 법칙에 따라 흐르는 것이 가장 강력한 힘이며, 불필요한 개입을 최소화하는 것이 오히려 더 큰 결과를 만들어 낸다고 본다. 따라서 진정한 무위란 무기력함이나 무작위적인 방임을 의미하는 것이 아니라, 필요 이상의 개입을 하지 않음으로써 최적의 균형을 찾고 자연스럽게 조화를 이루는 상태를 의미한다.

한비자의 법과 노자의 자연스러움이라는 두 가지 사상을 통합한 리더십은 어떤 모습일까? 이는 룰 속에서 직원들이 자유롭게 일할 수 있도록 하는 것이다. 이런 의미에서 두 가지 유형의 리더를 생각해 볼 수 있다.

똑똑하지만 게으른 지도자와 멍청하지만 부지런한 지도자가 그것이다. 똑똑하지만 게으른 지도자는 부하들에게 자신의 역할과 책임을 수행할 수 있는 공간을 제공하는 지도자다. 구성원들의 자율성을 존중하고, 불필요한 간섭을 줄이며 자연스럽게 최선의 방향으로 나아가도록 돕는다. 이는 곧 최소한의 개입으로 최대의 성과를 이루려는 '무위의 리더십'이라 할 수 있다. 억지로 성취하려 하기보다는 자연의 흐름을 따를 때 오히려 모든 것이 이루어진다는 무위자연의 철학적 통찰을 담고 있다. 그렇기에 똑똑하지만 게으른 지도자는 조직이 룰(규칙과 시스템)에 따라 운영되게 하되 자신은 가능한 한 개입하지 않으려고 하는 리더십의 원리를 신봉하는 지도자라 할 수 있다.

반면 멍청하지만 부지런한 지도자는 조직이 룰에 따라 운영되게 하기보다는 지나치게 세세한 부분까지 간섭하여, 부하들이 주도적으로 일할 기회를 잃게 하고 창의력까지 발휘하지 못하게 만드는 지도자다. 이렇게 하면, 자율성이 사라지고 구성원들이 스스로 문제를 해결하려는 동기를 잃게 되면서 조직은 점차 활력을 잃고 정체될 수밖에 없다.

따라서 좋은 지도자의 역할은 조직이 원활하게 운영될 수 있도록 명확한 룰과 시스템을 구축하는 것이다. 지도자가 직접 모든 것을 통제하는 것이 아니라, 룰이 조직을 지배하도록 만드는 것이 핵심이다. 즉 게으르지만 똑똑한 지도자가 멍청하지만 부지런한 지도자보다 더 유능한 지도자라고 할 수 있다.

실천적 리더십

　실천적 리더십은 미래를 통찰하여 구성원들이 리더를 따를 수 있는 비전을 제시하고, 계획의 실천을 통해 공통된 목표를 달성해 나가는 리더십의 형태를 말한다. 여기에는 두 가지의 핵심 요소가 있다. 하나는 현재의 실천으로, 리더가 자신감을 가지고 상황에 맞게 솔선수범하여 실천하는 것(직접 행동으로 옮기는 것)이다. 다른 하나는 미래를 예측하고 이에 대비하는 것이다. 즉, 변화할 미래를 내다보고 계획을 세운 뒤, 이를 실천해 나가는 과정이다.

　리더는 특정한 사람만이 되는 것이 아니다. 보통 사람도 실천적 인간형이라면 훌륭한 리더가 될 수 있다. 실천적 리더십은 한비자와 마키아벨리의 사상에서 강조되는 핵심 요소인데, 이들은 리더는 태어나는 것이 아니라 스스로 만들어진다고 강조한다.

맹자는 한 시대에 성인이 한 명도 나오기 어렵다고 했지만[10], 한비자는 리더십이 타고난 천재성이나 성인적 자질에서 나오는 것이 아니라 실천적 인간형에서 비롯된다고 보았다. 즉 누구든 준비된 실천적 역량과 제도적 기반을 갖춘다면 훌륭한 리더가 될 수 있다는 것이다.

한비자의 실천적 리더십은 전국시대 한 장군의 행위에서 그 진면목을 드러낸다. 어느 날, 한 병사의 어머니가 전쟁터를 찾아 아들을 만나러 갔다가 믿기 어려운 광경을 목격한다. 장군이 자신의 아들의 상처 난 몸에서 고름을 입으로 직접 빨아내고 있었던 것이다. 자신의 입으로 병사의 고름을 정성껏 빼내며 고통을 덜어주고 있던 그 모습은 충격과 동시에 깊은 감동을 불러일으켰다.

그 여인의 남편 역시 그 장군의 지휘 아래에서 싸우다 전사한 바 있었다. 다시는 전쟁에서 가족을 잃고 싶지 않았던 그녀는 문득 이런 생각에 사로잡힌다. '이토록 병사의 아픔을 자신의 것으로 받아들이는 장군이라면, 아들도 그 장군에게 감복할 것이고, 싸움에 나

---

10 맹자의 '오백년 성인설'은 "요순과 같은 성인은 오백 년에 한 사람 나올까 말까 하다."라는 맹자의 언급에서 비롯된 개념이다. 맹자는 인간의 본성이 선하다고 보면서도, 도덕적 완성의 경지에 이른 성인은 매우 드물게 나타난다고 강조했다. 이는 탁월한 도덕성과 정치적 지혜를 갖춘 리더는 천부적인 자질을 지닌 특별한 인물이며, 수백 년을 기다려야 겨우 한 명 나올 수 있을 정도로 희귀한 존재라는 의미이다. 이러한 성인설은 지도자의 자격을 선천적 자질과 도덕성에 두고, 이상적인 리더는 특정한 시대적 흐름과 하늘의 뜻에 따라 출현한다고 보는 유가적 세계관에 기반을 두고 있다.

가 돌진할 것이다. 그러면 내 아들도 그의 곁에서 싸우다 목숨을 잃을 수도 있겠구나.'

그러나 그 생각은 곧 다른 감정으로 전환된다. 단지 말로만 아랫사람을 위무하는 것이 아니라, 가장 꺼리는 일을 스스로 나서서 행하는 리더의 모습에 그녀는 깊이 마음을 빼앗긴다. 마침내 그녀는 아들에게 조용히 말을 건넨다.

"아무쪼록, 용감하게 싸워라."

이 일화가 우리에게 던지는 메시지는 분명하다. 리더는 초인의 경지에 오른 성인도, 그렇다고 타인을 지배하기 위한 악마도 아니다. 그는 다만 현실에 부닥친 문제를 실천을 통해 해결하고 조직을 이끄는 '실천적 인간형'일 뿐이다. 진정한 리더십은 지시가 아닌 모범으로, 권위가 아닌 헌신으로 완성된다.

마키아벨리의 『군주론』에서도 미래를 대비하는 실천적 리더의 개념을 확인할 수 있다. 마키아벨리는 인간의 삶에서 '포르투나(Fortuna)', 즉, 예측 불가능한 운명의 힘이 차지하는 비중을 절반 정도로만 보았는데, 운명이 세상의 모든 것을 지배한다면 인간의 전략과 판단, 노력은 아무런 의미를 갖지 못할 것이기 때문이다. 마키아벨리는 포르투나가 아무리 강력하더라도, 인간에게는 이를 넘어서려는 능동적 가능성이 존재한다고 보았는데 그는 인간의 이러한 능력을 '비르투(Virtù)'라고 명명했다.

비르투는 고대 로마에서 유래한 개념으로, 단순한 덕성을 넘어 용기, 결단력, 기백, 유능함 등 리더에게 요구되는 실천적 역량을 포괄하고 있다. 이 개념은 르네상스 시대에 이르러 다시 주목을 받기 시작했는데, 마키아벨리는 이것이 미래를 대비하는 리더의 핵심 자질이라고 평가했다. 그는 운명에 의존하는 수동적 존재가 아니라, 불확실한 세계 속에서 자신의 힘으로 질서를 만들어 내는 실천적 인간형을 이상적인 리더로 제시했다.

리더십의 본질은 바로 이 지점에서 빛을 발한다. 세상에는 예고 없이 들이닥치는 홍수처럼 인간의 힘으로 어쩔 수 없는 상황이 분명 존재한다. 그러나 리더란, 그 불가항력의 현실을 미리 인지하고 대비하는 자다. 댐을 미리 건설하는 행위는 곧 비르투의 상징이며, 운명을 피할 수 없다 해도 그것에 휘둘리지 않기 위해 준비하고 실천하는 것은 리더가 반드시 갖추어야 할 자세다.

결국 두 사상가는 시대와 문명을 달리하면서도 공통의 메시지를 던진다. 리더란 운명 앞에 고개를 숙이는 존재가 아니라, 그 운명을 가로지르기 위해 도전하고 실천하는 사람이어야 한다. 실천적 리더십은 말이 아니라 준비된 행동에서 비롯되며, 바로 그 실천적 역량이야말로 리더의 자격을 결정짓는 본질임을 이들은 우리에게 강력히 일깨워 준다.

구성원의 마음을 얻는 리더

구성원의 마음을 얻어라. 그런 마음을 가지고 모두가 한곳을 바라보게 만들어라. 구성원의 마음을 얻고, 모두가 한곳을 바라볼 때 힘을 모아 혁신해 나갈 수 있다.

- 구성원의 마음을 얻으라

기업은 조직이라는 결합체이며 조직은 구성원으로 이루어져 있다. 리더가 성공하기 위해서는 먼저 구성원의 마음을 얻어야 한다. 보수만 많이 준다고 해서 구성원의 마음을 얻을 수 있는 것은 아니다. 직업을 가지는 것은 경제적 안정을 위해서이기도 하지만, 자아를 실현하고 개인의 발전을 위한 것이기도 하기 때문이다. 구성원의 마음을 얻는다는 것은 구성원이 진정으로 회사를 사랑하고 자신이 맡은 자리의 주인으로서 자발적으로 일하는 마음을 얻는다는 것이다. 어떤 일을 할 때 자발적으로 하느냐, 억지로 하느냐는 결과에서 많은 차이가 난다.

– 그런 마음을 가지고 모두가 한곳을 바라보게 만들어라

한곳을 바라보게 만든다는 말은 기업이 추구하는 공동의 목표를 향해 나아가게 만든다는 의미다. 그러기 위해서는 구성원들이 공감할 수 있는 비전을 제시해야 한다. 리더가 구성원의 마음을 얻고 공감할 수 있는 비전을 제시할 때, 구성원들은 공동의 목표, 즉 기업의 비전을 향해 자발적으로 나아갈 수 있다.

덕산산업을 경영할 때의 일이다. 현장에서 일하던 한 직원이 퇴사를 했는데, 재직 당시 친하게 지냈던 동료 직원에게 나중에 고백했다고 한다. 자신은 민주노총의 조합원으로 덕산에 위장취업을 했고, 덕산에 민주노총 지부를 조직하기 위해 애를 썼지만 결국 실패했다는 것이었다.

당시 나는 경영을 하면서 임직원들을 한 가족처럼 대하고, 그들의 마음을 얻는 데 주력했다. 목표를 세워 현장 직원들을 포함한 모든 직원이 하나의 목표를 향해 나아갈 수 있도록 했다. 스스로 연간 목표를 설정하게 하고, 이룬 성과에 따라 성과급을 지급했다. 당시 정부에서는 직장 내의 노사 관계를 정상화시키는 방법으로 노사협의회제도를 정착시키려고 노력하였지만 대부분의 직장에서는 이 제도를 형식적으로만 시행한다는 비판을 받았다. 그렇지만 나는 단순히 정부의 정책을 따르기 위해 이 제도를 형식적으로 구현하려고 하기보다는 근로자들의 현장의 목소리를 듣기 위해 실제로 근로자들과 소통하려고 노력했다. 그래서 노사협의회 체제에 얽매이지 않고, 현장 근로자들과 직접 협의하고, 그들의 애로사항을 듣기 위한 자리를 자주 마련했다. 그 자리에서 직원들이 요구하기 전에 먼저 사업성과에 따라 급여를 인상하고 복지를 개선했다. 즉, 선행적인 경영을 한 것이다.

지금 와서 생각해 보니, 위장 취업한 직원이 퇴사한 이유는 덕산처럼 임직원 모두가 한곳을 바라보며 함께 나아가는 분위기에서는 그의 목적을 달성할 수 없다고 판단했기 때문인 것 같다. 직원들을 부추겨 노동조합을 결성하려 했지만 직원들이 동조하지 않았을 것이다. 직원들의 이러한 태도는 사장에 대한 신뢰의 표현이며, 이러한 신뢰가 쌓여 회사를 성장시켰다고 생각한다.

구성원의 마음을 얻기 위해서는 조직을 합리적으로 운영해야 한다.

그렇게 하기 위해서는 첫째, 리더십이 합리적이어야 한다. 구성원에게 동기를 부여하며, 회사의 비전을 제시하고 공유하며 이를 실현하도록 이끌어야 한다.

둘째, 인적 자원 관리가 합리적이어야 한다. 직원의 채용, 교육,

평가, 보상 등을 통해 인력을 효과적으로 관리한다.

셋째, 의사 결정이 합리적이어야 한다. 다양한 상황에서 문제를 분석하고, 대안을 평가하며, 최선의 해결책을 선택하여 결정을 내려야 한다.

넷째, 조직의 구성이 합리적이어야 한다. 이것은 자원(인력, 자본, 시간 등)을 효율적으로 배분하는 것으로, 이는 업무 분장, 권한과 책임 등을 명확히 하여 조직을 구성하는 것이다.

다섯째, 커뮤니케이션이 합리적이어야 한다. 명확하고 효과적인 의사소통을 통해 정보가 조직 내에서 원활하게 전달되어야 한다.

이러한 요소를 충족할 때 리더는 구성원의 마음을 얻을 수 있다.

"마음이 모이면 길이 생기고, 길 위에서 혁신은 현실이 된다."

훌륭한 리더가 되기 위한 길잡이

피터 드러커는 '성공한 리더의 8가지 덕목'[11]을 제시했는데, 이는 조직을 효과적으로 이끌고 지속 가능한 성과를 달성하는 데 필수적인 요소로, 리더가 갖춰야 할 행동 방식과 태도를 구체적으로 제시한다. 다음은 드러커가 제시한 8가지 덕목이다.

첫째, '무엇을 하고 싶은가?'보다 '무엇을 완수해야 하는가?'를 질문한다. 이는 조직이 나아갈 명확한 방향성을 제시함으로써 팀원들에게도 영향을 미친다.

둘째, 우선순위를 정할 줄 알아야 한다. 리더는 여러 과제와 목표 중에서 가장 중요한 것을 선택해 자원과 노력을 집중해야 한다.

---

11 Peter F. Drucker, "What Makes an Effective Executive", HBR June 2004

셋째, 실행 계획을 수립한다. 목표만 제시하는 것으로는 충분하지 않다. 구체적이고 체계적인 실행 계획이 필요하다.

넷째, 의사 결정에 따른 책임을 진다. 리더는 자신의 결정이 가져올 결과에 대해 깊이 고민하고, 그에 따른 책임을 기꺼이 감수해야 한다.

다섯째, 의사 결정 과정에서 구성원과 충분히 소통한다. 중요한 결정을 내릴 때 구성원들과의 열린 대화를 통해 다양한 의견을 수렴해야 한다.

여섯째, 문제보다는 기회에 초점을 맞춘다. 성공한 리더는 문제 해결에만 매몰되지 않고, 새로운 기회를 발견하고 이를 활용하는 데 집중한다.

일곱째, 생산적인 회의를 이끈다. 효율적인 회의를 운영하여 조직의 시간과 자원을 낭비하지 않도록 해야 한다.

여덟째, 나보다는 우리를 생각하는 태도를 지닌다. 리더는 자신의 성과보다 조직 전체의 성공을 우선시해야 한다.

피터 드러커가 제시한 8가지 덕목은 조직의 지향성을 명확히 하고, 팀원들과 협력하여 성과를 이끌어내는 데 필수적인 리더십의 기본 원칙이다. 이러한 태도는 '나'보다 '우리'를 우선시하며, 책임과 소통, 실행력을 기반으로 지속 가능한 성과를 만들어 간다.

성공적인 리더가 갖추어야 할 덕목에 대해 여러 사람들이 다양한 내용으로 주장하고 있지만, 나의 기업 경영 경험에 비추어 다음의 몇 가지로 정리해 보고자 한다.

1. 혁신에 대해 확실한 의지를 가져라

인간의 본능은 변화보다는 익숙한 것을 따르려는 보수적인 성향이 강하다. 그러나 진정한 혁신을 이루기 위해서는 기존의 방식과 관습을 과감하게 깨부수는 결단이 필요하다. 혁신은 위험과 불확실성을 동반하지만, 이를 두려워하지 않고 모든 것을 걸어 변화의 주도권을 쥐어야 한다. 예를 들어, 새로운 기술 도입이나 업무 방식의 전환은 처음에 내부 반발을 불러일으킬 수 있지만, 리더가 확고한 의지를 가지고 혁신을 추진하면 조직은 변화에 성공할 수 있다. 이때 중요한 것은 리더의 결단력과 일관성이다. 리더가 흔들리지 않고 확신을 가지고 나아갈 때, 조직 내 저항도 서서히 사라지며, 혁신은 긍정적인 결과로 이어진다.

2. 대안 없는 비판 대신, 대안과 함께 문제 해결에 집중하라

비판은 문제를 인식하는 데 있어 중요한 역할을 하지만, 비판 자체만으로는 변화나 개선을 가져올 수 없다. 만약 리더가 문제점에 대해 비판은 하면서 대안을 제시하지 않는다면, 조직은 균열을 일으킬 수 있다. 비판은 조직 내에서 개선의 필요성을 부각시킬 수 있지만, 그 비판이 구체적인 해결책과 결합되지 않으면 오히려 구성원 간의 불신과 불안만 가중시킨다. 따라서 리더는 비판과 동시에 실질적인 대안을 제시해야 한다. 비판이 있더라도 리더가 구체적인 해결 방안을 가지고 있으면, 조직은 위기 상황에서 효율적으로 대응할 수 있으며, 이를 통해 더 나은 결과를 도출할 수 있다.

3. 부하의 충성에 의존하지 말고 시스템을 만들어라

조직이 지속 성장하고 발전하기 위해서는, 개인의 충성심에만 의존해서는 안 된다. 리더는 부하의 충성을 당연한 것으로 여기기보다는, 시스템을 갖추어놓고 조직이 원활하게 돌아갈 수 있는 구조를 만들어야 한다. 리더가 개인의 능력에만 의존하면, 그 사람이 부재할 때 조직은 혼란에 빠질 수 있다. 그러나 시스템을 구축해 놓으면, 특정 개인의 능력에 구애받지 않고도 조직은 효율적으로 운영될 수 있다. 삼류 리더는 자신의 능력에 의존하고, 이류 리더는 타인의 능력을 활용하며, 일류 리더는 타인의 능력을 끌어내어 그 잠재력을 발휘하도록 한다.

4. 감정에 흔들리지 말고 냉철하게 움직여라

리더십에서 중요한 요소 중 하나는 감정에 휘둘리지 않는 이성적 판단이다. 리더가 감정적으로 대응하면, 문제를 객관적으로 분석하는 능력을 잃고 잘못된 결정을 내릴 위험이 높아진다. 예를 들어, 직원의 실수나 예상치 못한 상황에서 감정적으로 대응하면, 상황을 악화시키는 결과를 초래할 수 있다. 그러나 리더가 냉철하게 상황을 분석하고 이성적으로 판단할 수 있다면, 조직은 위기 상황에서도 흔들리지 않고 나아갈 수 있다. 리더는 감정적으로 어렵거나 혼란스러운 상황에서도 분명한 판단을 내리고, 그 결정을 실행에 옮기는 데 있어 흔들리지 않아야 한다. 이는 조직 내 신뢰를 높이고, 구성원들이 리더를 따르는 원동력이 된다.

5. 마지막까지 책임져라

진정한 리더는 자신의 결정에 대해 끝까지 책임지는 태도를 가져야 한다. 책임감은 리더십의 핵심 요소 중 하나로, 리더가 자신의 결정을 끝까지 책임질 때 조직은 그를 신뢰하고 따르게 된다. 만약 문제가 발생했을 때 리더가 부하에게 책임을 전가하면, 조직 내 불신이 생기고, 결속력은 약화된다. 그러나 리더가 마지막까지 책임을 지는 모습을 보이면, 조직 구성원들은 신뢰와 존경을 가지고 리더를 따르게 된다. 이는 조직 전체의 단결을 이끌어 내며, 리더십이 강화된다. 책임을 진다는 것은 단순히 잘못을 인정하는 것 이상으로, 문제를 해결하고 조직을 앞으로 나아가게 하는 능력을 의미한다.

6. 리더는 혼돈 상황에서도 길을 잃지 않아야 한다

리더가 혼돈 상황에서도 길을 잃지 않기 위해서는 분명한 비전이 필요하다. 비전은 리더에게 나침반 역할을 하며, 조직이 어려운 상황에 처했을 때에도 올바른 방향을 제시해 준다. 혼란스러운 시기일수록 리더는 본질을 파악하고, 문제의 핵심을 분석하여 최선의 해결책을 찾아야 한다. 리더가 혼란 속에서 방향을 잃지 않고, 명확한 비전을 바탕으로 조직을 이끌 때, 조직은 어려운 상황에서도 안정적으로 나아갈 수 있다. 리더는 상황을 면밀히 분석하고, 본질을 놓치지 않으며, 끊임없이 해결책을 찾는 집중력을 유지해야 한다.

자신의 조직을 잘 이끌고 싶지 않은 리더는 없을 것이다. 그러한 생각이 간절하여 의욕이 앞서 자기 방식대로 열심히 조직을 이끌지만 자기 방식이 무덤이 될 수도 있다. 리더가 지녀야 할 올바른 행동 방식에 대해 알지 못하고 그에 따라 실천하지 못하는 경우는 특히 그럴 가능성이 크다. 리더가 무엇을 어떻게 해야 하는지를 모른다면 가야 할 방향을 모르고 항해하는 배와 같다. 피터 드러커와 나의 리더십에 대한 생각이 현재 리더의 위치에 있거나 앞으로 리더를 꿈꾸는 모든 사람들에게 도움이 되었으면 하는 바람이다.

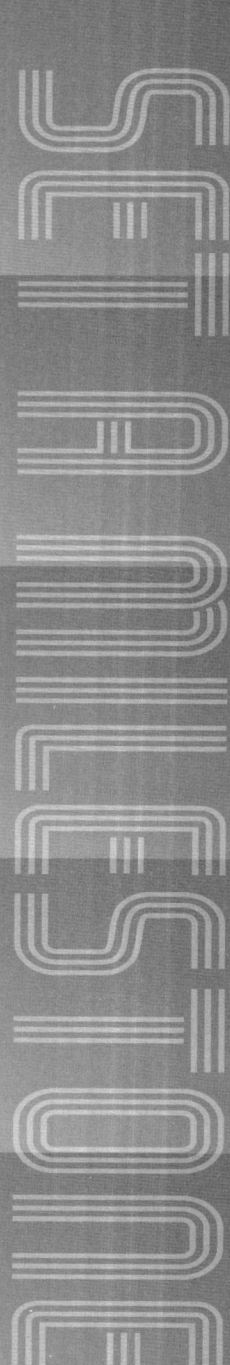

6장

고난을 극복할수록
기업은 더욱 빛난다

6장에는 위기 극복에 관한 내용이 담겨 있다. 어떤 기업이든 위기가 없는 기업은 없으며, 어떤 위기든 기회를 동반하지 않는 위기 또한 없다. 기업이 성장 발전하기 위해서는 역풍이 불수록 연이 더 높이 나는 것처럼, 위기를 기회로 활용할 수 있는 능력이 있어야 한다. 어려움 속에서도 기업은 내적 강점을 발견하고 새로운 돌파구를 찾아야 한다. 위기의 상황에서도 기존의 관행을 넘어서는 창의적인 접근 방식으로 혁신을 추구하면 기업의 역량은 더욱 강화된다. 이를 통해 기업은 위기를 성공적으로 극복할 수 있을 뿐만 아니라, 향후 발생할 수 있는 문제에도 대비할 수 있는 더욱 강인한 체질을 갖추게 된다. 또한, 역경 속에서 조직을 단련시키는 기업 문화는 구성원들에게 자신감을 심어 주며, 도전적인 환경에서도 흔들림 없이 목표를 향해 나아가게 한다.

연은 역풍에 더 높이 난다

어릴 적, 연날리기를 하며 바람에 연이 높이 오르는 모습을 바라보는 것은 정말 즐겁고 재미있었다. 연줄을 잡고 연을 조종하는 재미는 물론, 파란 하늘을 배경으로 한 연의 비상은 마치 마음까지 하늘 높이 날아가는 듯한 기분이 들게 해 주었다.

그러나 바람이 약해지면 연이 날아오르지 않아 무척 아쉬웠다. 그때의 실망감은 크지만, 다시 역풍이 세차게 불면 연은 언제 그랬냐는 듯이 하늘 높이 날아올랐다. 하지만 바람이 너무 세면 연실이 끊어져 연이 날아가 버렸다. 그러면서 깨달은 것은 연은 역풍에 높이 날아오른다는 것이며, 센 바람을 이기기 위해서는 튼튼한 연줄이 필요하다는 것이었다.

인생에서도 마찬가지로 누구나 역풍을 맞게 된다. 어려운 상황에 처했을 때 누구나 좌절을 경험하지만, 성공한 사람은 역경을 더 큰 성장을 위한 기회라고 생각하며 비상의 기회로 삼는다.

결국, 우리는 어려움을 극복하면서 더욱 강하고 지혜롭게 변신하게 된다. 어릴 때의 연날리기는 단순한 놀이가 아니라, 인생의 진리를 깨달은 중요한 경험이었다. 역풍에 연이 높이 날아오르듯, 우리도 인생의 역경 속에서 더 높이 날 수 있도록 자신을 다듬고, 굳건한 마음가짐으로 앞으로 나아가야 한다.

나는 첫 직장인 현대중공업에 다니다 현대정공으로 스카우트되어 자재부장을 맡아 의욕적으로 일했으나, 구매과장 인사 문제로 당시 현대정공 정몽구 사장의 친구인 O 사장[1]과 트러블이 있었고, 결국 그로 인해 현대정공을 그만두고 나왔다. 잘나가던 직장 생활이 역풍을 맞은 것이다. 그 역풍이 계기가 되어 덕산산업을 창업했고, 전에 몸담았던 현대정공과 현대중공업의 인맥으로 수주한 부품을 납품하는 일을 주로 하며 사업을 키워 갔다. 그러나 인맥으로 수주하는 이 일은 곧 한계가 드러났는데, 나보다 더 힘 있는 권력자가 내가 납품하던 현대정공 물량을 가져간 것이었다. 순조롭게 진행되던 사업이 또다시 역풍을 맞게 된 것이다. 당시 나는 사업뿐

---

1   당시 현대그룹의 급성장과 함께 당시 정몽구 사장의 개인 기업이었던 현대정공도 사업이 나날이 번창했다. 정몽구 사장은 자신의 기업 활동을 도와줄 믿을 만한 사람들을 주로 자신의 지인들 중에서 영입했다. 그들 대부분이 회사 내에서 보직을 받아 근무했으나, 그중 일부는 회사 밖에서 현대정공과 관련된 일을 하면서 회사 업무에 관여하고 있었다. 그중 한 사람이 현대정공 밖의 공장장이라고 불리던 O 사장이었다.

만 아니라 정신적으로도 큰 타격을 입었다.

현대정공 납품 물량을 빼앗긴 가슴 쓰린 이 사건은 사업에 대해 깊이 고민하게 하는 계기가 되었고, 이는 마치 연이 역풍을 맞고 더 높이 날아오르는 것처럼 이후 나를 단련시켜 더욱 강하게 만들었다.

당시 현대중공업 납품 물량으로 사업을 이어갈 수 있었지만, 나를 도와주던 현대중공업의 동료들 또한 언젠가는 자리를 옮기거나 퇴사할 가능성이 있었기 때문에 당시의 우호적인 상황이 언제까지 유지될지 확신할 수 없었다. 더구나 대기업에 납품하는 사업은 내 의지와는 무관하게 그들의 상황에 따라 언제든지 물량이 조정되거나 심지어는 납품 자체가 중단될 위험도 있어 항상 불안정했다. 말하자면, 대기업에 지나치게 의존하는 구조는 항상 높은 리스크를 안고 있으며, 그런 위험성이 주는 불안감에서 벗어날 수 없었다. 그렇다면 이러한 불안정에서 벗어나려면 어떻게 해야 할까? 결국, 내 사업을 혁신해야 한다는 결론이 났다. 그러나 그 혁신을 어떻게 이뤄낼 수 있을지는 알 수 없었기에 그에 대한 고민이 머릿속을 떠나지 않았다.

연이 하늘을 높이 날 수 있는 것은 역풍이라는 바람의 존재이며 바람이 셀수록 연은 더 높이 난다. 그러나 강한 바람에 연이 더 높이 날기 위해서는 강한 바람에도 끊어지지 않는 튼튼한 연줄이 있어야 한다. 인간사에서 튼튼한 연줄이라고 하면 다름 아닌 강한 정신력이다. 강한 정신력이 있어야 어려움에 직면해도(역풍을 맞아도) 좌절하지 않고 정면으로 부딪칠 수 있다. 강인한 정신력은 문제에 대한 해결책을 찾을 때까지 힘이 들더라도 버티며, 고민하고 또 고민할 수 있게 해 준다. 그러한 과정에서 문제 해결을 위한 최선의 해결책을 찾을 수 있다.

두 번째 역풍을 맞았을 때 나는 대기업에 휘둘리지 않을 방안을 모색해야 했고, 내 사업을 혁신할 방법에 대해 고민해야 했다. 그때 은행에서 우연히 보게 된 『이노베이션, 이것이 기업을 영속하게 한다』라는 제목의 소책자에서 '기업이 존속하기 위해서는 사회가 요구하는 니즈, 고객사가 요구하는 니즈에 민감하게 반응하여야 한다.'는 내용을 읽고, 고객사가 필요로 하지만 울산에 없던 도금사업을 생각하게 되었다.[2] 도금 사업은 대기업에 종속되지 않는 사업이며, 거래처를 다양화할 수 있다는 메리트도 있었기에 과감하게 도금 사업을 시작했다. 역풍을 맞았을 때 나는 도금 사업이라는 더 높이 나는 연을 날린 것이다.

첫 번째 역풍을 맞아 덕산산업을 창업했고, 두 번째 역풍을 맞았을 때는 도금 사업을 시작했다. 그 이후에도 역풍은 끊임없이 불었고, 그때마다 위기를 기회로 바꾸었다. 그리하여 덕산하이메탈을

---

[2] 제1장, '나의 창업, 그리고 창업을 계획하는 사람에게' 중 '천지지대덕왈생' 참고

창업했고, 덕산네오룩스와 덕산테코피아를 인수 합병했다. 그렇게 하다 보니 현재 12개의 회사를 가진 작은 기업그룹으로 성장하게 되었다. 그뿐만 아니라, 기술 개발 측면에서도, 무연 솔더볼과 강한 솔더볼, 미세 솔더볼, 로우알파메탈, 도전볼 등 여러 가지 기술 집약적 제품을 개발했다.

위기라는 이름의 역풍은 어느 기업에나 불기 마련이다. 그런 역풍을 맞았을 때, 그것을 어떻게 기회로 활용하느냐에 따라 기업의 운명이 달라진다. 나는 '연은 역풍에 더 높이 난다'라는 신념을 가지고 있었기에 역풍을 기업 성장의 기회로 삼으려고 노력했다. 그렇게 했기에 지금 덕산이라는 연은 하늘을 더 높이 날고 있는 것이다.

위험을 감수하지 않는 때가
기업 경영에서 가장 위험한 시기다

    기업 경영이라는 자전거에는 두 개의 바퀴가 있다. 하나는 안정이라는 바퀴이며, 다른 하나는 도전이라는 바퀴이다. 둘 중 하나만 멈춰도 자전거는 넘어진다.

    기업 경영에서 도전이란 마치 달리는 말과 같으며, 흐르는 강물과 같다. 도전하지 않는 기업은 달리지 않는 말에 비유할 수 있으며, 흐르지 않는 강물이 썩어 가는 것에 비유할 수 있다. 도전하지 않는 기업은 발전과 성장이 멈추고 경쟁에서 뒤처지게 되어 더 이상 기업으로서의 존재 의미를 유지할 수 없게 된다.

    알 속은 편안하다. 그러나 알 속에 안주해서는 세상을 볼 수 없다. 알을 깨야만 세상에 나올 수 있다. 알을 깨는 행위, 그것이 곧 도전이다. 그렇기에 도전이란 위험을 안고 시도하는 것이다. 도전하지 않는 기업은 안정에 안주하는 기업이며, 안정에 안주하는 것은 굴곡이 없이 평안한 상황을 지속시키는 것이다. 성공하고 잘 나가는 시기, 성공한 일의 수확을 향유하면서 좋은 세월을 만끽하는 그 시기가 바로 안주하는 시기이며, 기업에서는 위험이 시작되는 시기이다.

새로운 사업에 도전하여 실패했을 때 주변의 가까운 지인들에게 많이 듣는 말이 있다. "왜 그 사업을 시작했나?", "시작하지 않았으면 손해 볼 일도 없었을 것 아니냐?", "왜 그걸 시작해서 속을 썩이느냐?" 등이다. 결과론적인 관점에서만 보면 그런 말들이 모두 옳다. 그러나 위험에 부닥치지 않으려고 새로운 일을 시작하지 않는다면, 성공할 수 있는 기회마저 포기하는 것이 된다. 도전은 위험이 따르기도 하지만 성공의 기회가 되기도 하며, 잘하면 성공도 뒤따른다. 그렇기에 위험을 감수하고서라도 도전하지 않는 때가 기업 경영에서 가장 위험한 시기다.

자금이 풍부한 기업, 매출액이 많은 기업보다 더 강한 기업은 변화에 잘 대응하는 기업이다. '변화에 잘 대응하는 기업'을 다른 말로 표현하면, '끊임없이 도전하는 기업'이라 할 수 있다.

- 도전, 스스로 길을 만들어 가는 일

나는 도전하기를 주저하지 않는다. 도전은 실패의 두려움을 넘어서는 용기에서 나온다. 기업은 익숙한 것에서 벗어나 새로운 것을 시도할 때 성장한다. 도전은 새로운 가능성을 제시하고, 새로운 역사를 써내려 간다. 도전하는 기업만이 세상을 변화시키고 미래의 주인공이 될 수 있다.

세상이 정해준 길만을 걷는 것이 아닌, 길을 스스로 만들어 가는 기업, 끝없이 펼쳐진 미지의 세계를 향해 한 걸음 한 걸음 내딛는 기업, 그런 기업이 도전하는 기업이며 나는 그런 기업을 만들고 싶다.

도전하지 않으면 안전해 보이지만 정체된 상태에 머무르게 된다. 기업 환경은 시시때때로 변하기 때문에 정체하는 시간이 길면 길수록 변화에 대응하지 못한다. 그 정체는 도전해서 맞닥뜨리는 위험보다 더 큰 위험 요인으로 작용한다. 위험을 감수해야 새로운 성장의 기회를 맞이할 수 있다. 도전해서 비록 실패하더라도 그것은 중요한 경험적 학습이 되며, 실패를 통해 배우고 발전할 수 있다.

아무것도 하지 않으면 발전의 가능성마저 사라지지만, 도전하면 예상하지 못한 기회까지도 만들 수 있다. 도전은 기업 자체의 자신감을 키워주고 기업의 한계를 극복하게 해 준다. 기업 경영에서는 안주하여 정체된 상태, 즉 위험을 무릅쓰지 않는 때가 제일 위험한 시기이다. 설마 망할까? 하는 순간, 그 설마가 기업을 잡아먹는 말이 되어 버린다.

– 도전하지 않으면 기업은 어떤 결과를 맞게 되는가?

나는 사업을 하면서 많은 도전을 했다. 도전하여 실패하기도 했지만 실패한 것보다 성공한 것이 훨씬 더 많았기에 오늘날의 덕산그룹이 존재하고 있다고 생각한다. 도전하지 않으면 기업은 어떤 결과를 맞게 될까? 도전이 기업의 성공과 실패를 어떻게 좌우하는지를 다음 사례에서 확인할 수 있다.

솔더볼이 처음 개발되었을 때 그 소재는 납이었다. 납은 라디오, 텔레비전 등의 전자제품에서 부품을 서로 연결하거나 반도체 칩의 회로를 연결할 때 전통적으로 사용해 온 소재였기 때문이다. 그런데 언제부터인가 납은 환경을 오염시키는 유해 물질로 규정되어, 유럽연합과 미국 등지에서 납이 포함된 제품에 대해 반입 금지를 예고했다. 당시 우리는 납을 소재로 하는 솔더볼을 생산하고 있었는데, 상황을 보니 '언젠가는 Pb free(무연) 시대가 오겠구나.' 하는 생각이 들었고, 이러한 시대적 환경 변화에 대응하지 않으면 도태될 수도 있겠다고 판단했다.

Pb free 시대가 올 것으로 판단한 그 순간부터 또 한 번의 도전을 시작했다. 무연 솔더볼 개발에 총력을 기울였으며, 그 결과 납 대신 주석을 소재로 한 무연 솔더볼을 개발했다. 당시 대구에도 솔더볼을 생산하는 업체가 하나 있었는데 그 업체의 솔더볼 생산 기술은 우리보다 우수했다. 그 업체가 자신의 솔더볼 생산 기술의 우수성을 믿고 현재 상태에 안주하는 동안, 우리는 시대적 변화를 감지하고 무연 솔더볼 개발에 도전하였다. 결국, 우리 회사는 무연 솔더볼 개발에 성공하여 삼성과 유럽의 반도체 업체에 공급할 수 있었다. 하지만, 대구의 그 업체는 시대에 뒤떨어져 도태되고, 결국 무너졌다.

환경 변화에 대응해 민감하게 변화하지 않는 기업은 망할 수밖에 없으며, 기업에게 있어 도전의 중요성을 잘 보여주는 사례라고 생각한다.

– 실패를 딛고 일어서는 정신, 미얀마 주석제련소

도전을 하면서 항상 성공할 수만은 없다. 도전해서 실패하는 것은 병가지상사다. 그러나 실패했다고 좌절해서는 안 된다. 실패를 딛고 일어설 수 있는 강한 정신력이 있어야 한다. 내가 도전하여 성공하지 못한 사례의 하나로 미얀마 주석제련소 창업 사례를 소개하고자 한다.

반도체 수요는 4차 산업혁명 시대에 진입하면서 폭발적으로 증가했다. 반도체를 빼고는 4차 산업을 이야기할 수 없을 정도다. 반도체의 수요 증가와 동시에 회로 연결용 소재의 수요도 기하급수적으로 늘어났으며, 동시에 우리 회사의 솔더볼 생산도 엄청나게 증가했다.

솔더볼 생산량 증가와 더불어 솔더볼의 주 소재인 주석의 사용량도 지속적으로 증가해, 국제 시세에 민감하게 반응하는 주석 원자재에 대한 안정적 공급망 확보가 무엇보다도 필요했다. 여러 가지 검토 끝에 주석제련소를 직접 설립해서 운영하는 방안이 제시되었다.

마침 미얀마의 과거 수도인 양곤 인근의 틸라와(Thilawa) 지역에 미얀마 정부와 일본 업체가 50대 50의 비율로 투자해서 설립한 틸라와 산업단지(Thilawa Industrial Zone)라는 경제특구가 있었다. 경제특구는 일반적으로 무관세 지역이면서 내국법의 영향을 덜 받는 곳이므로 정세가 불안한 미얀마에서 정부가 바뀌더라도 그 영향을 덜 받을 것으로 판단했다. 이 산업단지 내에 8천 평의 부지를 확보하여 주석제련소를 건설해서 가동에 들어갔다. 그런데 공장을 완공하여 가동을 시작한 이후, 기존의 아웅 산 수 치 정권이 축출되고 군부정권이 들어서면서 경제정책이나 산업정책이 과거와 크게 달라졌다.

경제특구인 공단 자체는 기존의 정책대로 운영된다 할지라도 공단 외부에서의 경제적·사회적 환경이 엄청난 변화를 겪게 된 것이다. 새로 들어선 군부 정부는 자금 확보를 위해 특히 세제를 변경하였는데, 그 결과 원광석 조달비용이나 운송비용 등이 과거보다 많이 증가하였다. 그러다 보니 원광석 조달 등의 측면에서 애초의 예상과는 달리 차질이 빚어지고 있으며, 우리가 처음에 기대했던 것과는 달리 제련소 운영에 미치는 정책의 상당 부분이 달라져 미얀마에서의 제련사업은 점점 활기를 잃어 갔다. 정권이 바뀌더라도 공단 자체의 운영에는 영향을 주지 않을 것이라는 예상은 맞았다 하더라도, 정권이 바뀜에 따라 공단 외부의 경제 여건에 미치는 경제적·사회적 정책 변화가 제련소에 미치는 영향을 예상하지 못했기에 실패를 한 것이다.

그러나 나는 다시 그러한 상황이 온다고 해도 도전해야 할 필요가 있으면 다시 도전할 것이다. 그러한 상황에서 나는 다시 도전하고도 남을 사람이다. 왜냐하면, 나의 도전 여부를 결정짓는 것은 실패 가능성 유무가 아니라, 그것이 미래 발전 인자가 되는지 여부이기 때문이다.

도전은 기업뿐만 아니라 일상생활에서도 변화를 만들고 성장을 이끄는 중요한 원동력이다. 그렇기에 다음을 명심하라.
- **현상 유지의 함정에서 벗어나기:** 아무것도 하지 않고 현재 상태에 머무르면 편안함은 유지되지만, 성장과 발전은 멈춘다.
- **안주하는 순간 위험이 시작된다:** '지금도 괜찮으니 굳이 변화를 시도하지 않아도 된다.'는 마음이 든다면, 그때가 가장 위험한 순간이다.

안전한 틀 내에 머무는 것은 당장은 편안할 수 있지만, 장기적으로는 삶의 발전 가능성을 배제한다. 작은 것이라도 도전하고 변화를 시도하는 태도가 삶을 풍요롭고 의미 있게 만든다. '설마 내가 해낼 수 있을까?' 하는 의구심을 '어쩌면 할 수 있을지도 몰라.'로 바꾸는 순간, 삶은 한 단계 더 성장한다.

실패가 두렵다고
도전하지 않는 것이 더 큰 실패다

도전하여 실패하는 것보다 더 위험한 것은 바로 도전 자체를 두려워해 시도조차 하지 않는 것이다. 이는 기업 경영뿐만 아니라 개인의 삶에도 동일하게 적용된다. 혁신과 성장을 이루기 위해서는 끊임없는 도전이 필수적이다. 그러나 많은 사람이 실패를 두려워해 도전 자체를 피하는 경향이 있다. 이것이야말로 도전하여 실패하는 것보다 훨씬 더 큰 위험을 초래한다.

도전은 일시적인 행동이 아니라 지속적으로 추구해야 할 태도다. 기업 경영에서는 새로운 시장 개척, 제품 혁신, 프로세스 개선 등 끊임없는 변화와 혁신이 요구된다. 하지만 이 과정에서 실패할 가능성도 늘 함께한다. 위기(危機)란 단어가 '위험(危險)'과 '기회(機會)'라는 두 가지 요소를 포함하듯, 도전 역시 실패와 성공을 모두 내포하고 있다. 성공을 기대하면서도 실패의 가능성을 인정하고 준비하는 것이 필요하다.

기업에서 경영자가 실패를 두려워하여 도전하지 않고 관리자처럼 행동할 때 위기가 시작된다. 혁신적인 경영자가 자리에서 물러나고 안정성을 중시하는 관리자가 그 자리를 차지하게 되면, 기업은 도전하기를 꺼려 더 성장하지 못하고 정체 상태에 빠지게 된다. 안정적인 관리에 집착하게 되면 혁신의 기회를 잃게 되고, 장기적으로 기업의 생존 가능성마저 위협받게 된다.

지금까지 덕산그룹의 성장은 끊임없는 도전의 결과다. 덕산산업을 창업한 것부터 도금 사업을 시작한 것, 그리고 IT 산업에 뛰어든 덕산하이메탈의 창업까지, 덕산의 역사는 도전의 연속이었다. 이러한 도전이 가능했던 이유는 평소 학습하고 실천하는 자세 덕분이었다. 철저한 준비와 실행력을 바탕으로 도전을 감행했고, 비록 도전에 실패할지라도 그 실패를 성공의 자양분으로 삼아 다시 일어서겠다는 정신이 있었기 때문에 오늘날의 덕산이 있게 된 것이다.

결론적으로, 도전은 오늘날과 같은 급변하는 시장 환경에서 기업의 생존과 지속적인 성장을 가능하게 하는 핵심적인 활동이라고 할 수 있으므로 결코 실패를 두려워하여 도전을 주저해서는 안 된다.

"도전하지 않는 것이 실패보다 더 큰 실패다. 리스크를 감수하고 도전함으로써만 우리는 미래를 창조할 수 있다." - 제프 베이조스[3]

---

3 제프 베이조스(Jeff Bezos, 1964~): 세계 최대의 전자상거래 플랫폼 기업 아마존(Amzon.com)의 창업자로, 초대 CEO를 맡아 회사의 성장을 이끌었으며 현재 경영 일선에서 물러나 이사회 의장을 맡고 있다.

실패하더라도
성공적인 실패를 해야 한다

　사업을 하다 보면 실패의 가능성은 언제나 존재한다. 그렇기에 실패는 사업의 불가피한 일부분이며, 그 누구도 실패를 완전히 피할 수 없다. 고대의 병법서에도 "실패는 전쟁에서 흔한 일[4]"이라고 나와 있듯이, 사업 역시 마찬가지다. 성공한 사업가들조차도 실패를 경험하지 않은 사람이 없다. 그러나 그들은 실패가 때때로 성공보다 더 중요한 교훈을 남긴다고 생각하기 때문에, 실패를 자산으로 삼는다. 나 역시 모든 사업에서 성공만 했던 것은 아니다. 실패한 데서 끝나지 않고, 실패를 오히려 배움의 기회로 삼아 왔다. 넘

4　"勝敗兵家之常事(승패병가지상사)"라는 구절은 중국 당나라 역사서에 등장하며, '전쟁에서 이기고 지는 것은 군대라면 언제나 겪을 수 있는 일'로 직역할 수 있으나, 실패를 용납하고 실패를 통해 배우고 성장해야 한다는 긍정적인 메시지를 지니고 있다.

어진 자리가 다시 시작하는 자리가 된 것이다.

실패를 성공으로 바꾸는 힘은 바로 실패에서 배우는 것이 있을 때이다. 그 실패 속에서 실수를 분석하고 개선점을 찾아 더 나은 방향으로 나아가야 한다. 실패를 통해 얻은 교훈을 적극적으로 활용한다면, 그 실패는 더는 실패로 남지 않는다.

그리고 긍정적인 마음가짐이 중요하다. 실패한 순간에는 누구나 고통스럽고 좌절감을 느끼지만, 이를 받아들이는 마음가짐에 따라 그 자리가 성공의 출발점이 될 수 있다. 실패의 자리를 성공으로 변화시키는 데는 새로운 접근과 혁신을 시도하는 과정이 핵심적이다. 이전의 업무 수행 방식이나 사고방식이 실패를 초래했다면, 새로운 방식과 생각을 도입하는 것이 필요하다. 이는 기존의 방법에 얽매이지 않고, 보다 창의적이고 혁신적인 방법을 찾아 나가는 것을 의미한다. 혁신적인 접근은 실패를 극복하고 한 단계 더 나아갈 수 있는 동력을 제공한다.

어떤 일이든 항상 성공만을 기대할 수는 없다. 성공만이 전부라면, 이는 오히려 자만을 불러일으킬 수 있다. 오랜 성공의 연속은 때로는 자기 성찰의 기회를 빼앗아 버린다. 자만에 빠진 성공은 예기치 못한 큰 실패로 이어질 수 있다.

이는 마치 나무가 햇빛과 비를 통해 성장하는 것과 같다. 햇빛은 눈에 잘 보이지만, 비는 눈에 보이지 않는 땅속의 뿌리로 스며들어 나무에 영양을 공급한다. 드러나지 않게 땅속으로 스며든 비가 나무를 더 튼튼하게 만드는 것처럼, 실패도 겉으로 드러나지 않는 중요한 성장의 자양분이 된다. 우리가 실패를 겪고 이를 통해서 배울 수 있다면, 그 실패는 우리를 더 강하게 만들어주는 자양분이 된다. 나무가 튼튼한 열매를 맺기 위해서는 햇빛뿐만 아니라 비도 필요하듯이, 기업이 성공하기 위해서는 실패에서 교훈을 배우는 것도 필요하다.

에디슨은 전구를 발명하기 위해 약 천 번의 실험을 반복했다고 알려져 있다. 그는 여러 차례의 실험이 실패로 끝나면서 비웃음을 사기도 했다. 하지만 그는 "실패한 것이 아니라, 잘못된 방법 천 가지를 발견한 것"이라고 말하며 끊임없이 실험을 개선했다. 결국, 성공적으로 전구를 발명하여 상업적인 성공을 거두었고, 현대 조명 기술의 기초를 닦았다. 이 사례에서 알 수 있듯이 실패는 일시적인 결과일 뿐이고, 궁극적인 성공에 이르는 길에서 겪는 과정일 뿐이다.

실패했다고 스스로 인정하면 실패로 끝난다. 하지만 실패를 통해 배울 수 있다면, 그 실패는 오히려 성공으로 가는 디딤돌이 될 수 있다. 그것이 '성공적인 실패'이다.

– 캄보디아 고무농장 도전의 실패 사례

캄보디아의 훈센 정부 시절, 덕산은 고무나무 재배농장을 운영하기 위한 농업회사인 B&A 캄보디아라는 현지 법인을 설립했다.

당시 고무나무에서 채취되는 천연고무인 라텍스 원액의 수요가 많아 사업성이 있다고 판단했기 때문이다. 타이어를 제조할 때 인공원료인 합성고무 소재와 함께 일정 비율로 라텍스를 첨가해야 하는데, 타이어가 없는 자동차가 없는 만큼 천연고무에 대한 수요도 자동차에 대한 수요만큼 충분하다고 판단한 것이었다.

캄보디아의 수도인 프놈펜과 앙코르와트로 유명한 시엠립의 중간 정도 지점에 있는 캄퐁룸이라는 지역에 7천ha 정도 되는 농장을 조성하고 고무나무를 심었다. 농장의 운영을 책임질 CEO도 한 사람 채용했는데 그는 국내 유명 대학 출신의 현지 교민으로서 캄보디아 사회를 잘 알고 있다고 했다. 처음에는 현지 CEO를 믿고 농장 운영을 전적으로 현지 CEO에게 맡기며 농장 운영에 필요한 모든 지원을 다 했다. 그리고 현지 주민들과도 좋은 관계를 유지하기 위해 지역 주민을 위해 농장 인근에 교량을 설치하는 등 지역 개발에도 앞장섰다. 그러나 고무나무 농장은 시간이 갈수록 애초에 계획한 것과는 엉뚱한 방향으로 상황이 전개되었다. 기대했던 현지 CEO의 능력이나 노력 모두 기대 이하였고, 농장에서 수익이 나기는커녕 운영 자금 지원을 중단하자 농장 운영은 제대로 되지 않았다.

농장 운영이 제대로 되지 않은 것은 농장 자체의 문제도 있었지만 외부 요인도 많이 작용했다. 농장 운영을 적극적으로 지원하겠다던 훈센 정부가 애초의 약속을 지키지 않은 것은 물론, 인허가 업무 등 대관 업무에서 단계마다 금품을 요구했다. 그야말로 부정부패가 극심했다. 일을 처리하는 데도 시간이 너무 걸렸고 일 처리도 제대로 되지 않았다. 또, 마을 주민들이 농장의 고무나무 사이에 채소를 심으며 우리 농장을 야금야금 잠식했다. 이 문제를 해결하기 위해 관청에 도움을 요청했으나 공권력마저 외국인보다는 주민들 편이었기에 이마저도 제대로 되지 않았다. 그 결과 우리 농장 면적은 처음의 7천ha에서 5천ha로 줄어들었다. 이러한 상황에서 더는 사업할 엄두가 나지 않았고, 농장을 매각하고자 했지만 농장에 대한 토지 등기가 필요했다. 몇 년이 걸려 중앙정부의 등기를 해결했는데, 또 지방정부의 등기가 필요했다. 농장 문제에 더 이상의 신경을 쓰는 것은 오히려 손해라고 생각해 그 농장 경영을 포기하기로 했다. 그때까지 투자된 총액이 150억 원 정도였으며, 5천ha이던 경작지가 더 줄어들어 현재는 3천ha만 남아 있다.

캄보디아 농장은 도전에 실패한 대표적인 사례가 되어 버렸다. 그러나 이 도전에 실패했다고 해서 덕산 전부가 망한 것은 아니다. 덕산의 일부만 실패한 것이다. 여기서 한 가지 교훈을 얻었다. 도전할 때 전부를 걸어서는 안 된다는 것이다. 그래야 실패해도 살아남을 수 있고, 실패를 통해서 배울 기회도 생긴다. 예를 들어, 내가 가진 자산이 100이라면 그중 40 이상을 투자해서는 안 된다. 투자한 금액이 과도하면, 그 투자가 실패했을 때 피해가 기업 전체에 영향을 미칠 수 있으며, 기존 기업의 존속 자체를 위협할 수도 있기 때문이다. 그렇기에 새로운 사업에 투자할 때는 감당할 수 있는 범위 내에서 도전해야 하며, 과도한 리스크는 피해야 한다.

인생에서도 실패와 도전은 자연스러운 과정이며, 연령이나 세대와 관계없이 누구나 경험하는 것이다. 중요한 것은, 실패를 배우고 성장하는 기회로 활용하는 것이다. 실패는 끝이 아니라 새로운 시작이자 기회의 첫걸음이다. 실패는 뼈에 새겨진다는 말처럼, 우리가 겪은 고통과 어려움은 우리의 내면에 깊이 새겨져, 앞으로 나아가게 하는 힘이 된다.

인생에서 사람들은 도전하는 자와 주저하는 자로 나뉜다. 도전을 두려워하지 않고 끊임없이 나아가는 사람은 성장하고 변화하며, 실패를 경험하더라도 그것을 기회로 삼는다. 많은 성공한 인물들도 처음에는 수많은 실패를 경험하며 성장했다. 마치 새싹이 땅을 뚫고 나오는 것처럼, 실패는 우리가 다시 일어설 기회를 제공한다. 넘어진 자리에서 다시 일어서는 것이 중요하며, 도전을 두려워하지 않고 끊임없이 일어서는 자세를 가져야 한다. 도전은 삶을 변화시키는 원동력이다. 그러므로 실패를 두려워하지 않고 도전해야 하며, 실패하더라도 그 과정에서 배우고 발전하는 것이 성공으로 가는 길이다.

"삶에 있어 가장 위대한 것은 넘어지지 않는 데 있는 것이 아니라, 넘어질 때마다 다시 일어서는 데 있다."

- 넬슨 만델라[5]

---

5 넬슨 만델라(Nelson Mandela, 1918~2013), 남아프리카공화국 최초의 흑인 대통령이자 흑인 인권 운동가

겪을 것은 겪기 마련이다

영과후진

대한민국의 "빨리빨리"라는 말은 외국인들도 알아들을 수 있을 만큼 잘 알려져 있다. 그러한 '빨리빨리 정신'이 일정 부분 대한민국 경제 발전에 긍정적인 역할을 한 것도 사실이다. 대한민국처럼 빠르게 경제가 성장한 나라는 세계에서 유례를 찾아보기 힘들다는 사실이 이를 입증한다. 그리고 요즘 들어 대부분의 사람들은 "바쁘다, 바빠"를 입에 달고 다닌다. 그러나 일을 바쁘게 처리하려고 하면 꼭 놓치는 부분이 있다. 이런 상황에서 필요한 말이 영과후진(盈科後進)이라는 말이다.

영과후진은 『맹자』의 공손추(公孫丑) 상편에 나오는 말로서, '물은 웅덩이를 채운 후 앞으로 나아간다.'라는 의미이다. 물은 반드시 빈 곳을 채운 다음에야 앞으로 나아가는데, 결코 건너뛰는 법이 없다. 이는 어떤 일이 일어나기 위해서는 기본적인 문제나 장애물이 먼저 해결되어야 한다는 의미를 담고 있다. 일이 처리되는 과정에서 그 일의 본질적인 요구나 필요가 충족된 후에야 다음 단계로 나아갈 수 있다는 점을 강조하고 있다.

이 말은 학문이나 인생의 길에서 조급함을 피하고, 필요한 과정과 경험을 충분히 겪어야만 진정한 성장이 가능하다는 교훈을 준다. 단계를 건너뛰거나 필요 없이 속도를 내는 것은 깊이 있는 이해나 성공을 방해할 수 있으며, 강물처럼 자연스럽게 필요한 경험들을 쌓아 가며 성숙해질 때 더 나은 결과와 성과를 얻을 수 있다는 것이다. 따라서 일을 할 때에는 기초를 다지며 점진적으로 나아가는 것이 중요하다. 이는 현대사회에서 끊임없는 자기 계발과 인내의 중요성을 말해 주고 있다.

사업을 하면서 영과후진이라는 말의 의미를 절실히 느낀 적이 참 많았다. 연구 개발로 새로운 제품을 개발하고도 생산 라인에서 양산을 하는 과정에서 수없이 많은 시행착오를 겪었기 때문이다. 연구 개발 과정에서 성공한 제품일지라도 양산 단계에 들어가면 계획한 대로 생산이 이루어지지 않거나 불량이 나오는 경우가 허다하다. 이때 세 가지 측면에서 영과후진 현상이 발생한다. 첫째, 소모품과 공구, 도구 등 자재 분야에서 초기에 많은 소모가 발생한다. 이는 새로운 시스템을 구축하고, 작업 프로세스를 정립하며,

초기 실험과 테스트를 반복하는 과정에서 필연적으로 발생하는 비용이다. 둘째, 인건비와 제조 경비 분야에서 초기에 큰 비용이 발생한다. 양산 초기에는 불량 발생으로 재작업을 해야 하거나, 또는 생산성이 낮아 더 많은 노동력이 투입되므로 인건비가 많이 든다. 또 정상 가동에 이르기까지 작업자의 교육 훈련, 공장의 유지 관리, 제반 시스템의 안정화에 필요한 경비 등 제조 경비 측면에서도 비용이 많이 발생한다. 셋째, 기업 전체의 손익 측면에서의 영과후진이다. 새로운 사업이 안정적으로 자리 잡기 전까지는 투자와 비용이 수익을 초과하는 상황이 지속된다. 즉, 손익분기점에 도달하기 전까지는 손실이 누적되는 것이다. 이처럼 새로운 사업을 시작할 때에는 어느 정도 시간이 흐를 때까지는 영과후진 현상이 발생하므로, 경영자는 기대한 성과가 나오지 않는다고 조급하게 굴지 말고 참을성 있게 때가 무르익기를 기다려야 한다.

  초기에 기대한 성과가 나오지 않는다고 그것을 위기로 인식해 사업을 중단하는 우를 범하지 말아야 한다. 새로 사업을 시작하면 언제 끝날지도 모르는 초기의 안정화 과정에서 많은 사람이 지치고 조급증이 나 일을 그르치는 경우가 많다. 이때가 위기인데, '영과후진'이란 말의 의미를 알고 있는 사람은 기다릴 줄을 안다. 그것은 때가 될 때까지는 인적 자원과 물적 자원을 끊임없이 투입하여야 하며, 제대로 된 제품이 나올 때까지 기다리며 투자해야 성공할 수 있다는 사실을 알고 있음을 뜻한다. 초기 안정화 단계에서 비용이 많이 들어가는 것은 물이 웅덩이를 가득 채우는 과정이다. 그런 과정을 거쳐 양산에 성공하고 나면 더는 불필요한 경비가 들어가지 않는다. 그것은 물이 웅덩이를 가득 채운 후 앞으로 나아가는 것과 같다. 신제품 개발 프로젝트를 수행할 때마다 개발 초기에 들어갈 돈은 어차피 들어갈 수밖에 없으며, 필요한 돈이 들어갈 만큼 들어가야 양산 단계에서 생산성이 제대로 발휘된다는 것을 깨닫게 되었고, 영과후진의 의미를 되새길 수 있었다.

덕산하이메탈을 창업하고, 솔더볼 생산 기술을 처음 도입하여 양산화 과정에서 수많은 시행착오를 겪었다. 처음에 실험실에서 성공한 수준의 솔더볼 생산 장비를 현장에 적용했으나, 불량품이 쏟아지고 생산량도 적어 이익을 낼 만큼의 경제적 가치가 없었다. 요구되는 생산량과 요구 품질이 나오지 않으니 기존에 사용하던 장비를 폐기하고 새로운 장비를 개발해서 사용했다. 새로 개발된 장비를 한 달쯤 사용하다 안 되면 폐기하고 또 새로운 장비를 개발했다. 이러한 과정을 반복하다 보니 쓰레기장에는 폐기된 장비가 산더미처럼 쌓였다. 슘페터의 '창조적 파괴'라는 말이 실감되었다. 시간은 시간대로, 돈은 돈대로 엄청나게 들어갔다. 그런 시행착오를 겪고 난 뒤에야 솔더볼 양산에 성공할 수 있었다.

당시 어려운 상황에서도 직원들을 다독여가며 각고의 노력을 다했다. 3년여의 세월 동안 포기하지 않고 진득하게 기다리며 노력한 결과 드디어 양산에 성공했다. 무슨 일이든 안 된다고 걱정하고 조급증을 내면 일에 허점이 생기고, 그런 불완전한 상태로는 성공을 이룰 수 없다. 겪어야 할 과정은 겪게 마련이다. 그렇게 깨달은 것이 영과후진의 의미이다.

"물은 채운 뒤에 흘러간다."라는 말은 어떤 목표를 달성하기 위해서는 먼저 준비와 노력을 하고 난 다음에 자연스럽게 일의 흐름에 따라 대응해야 한다는 삶의 지혜를 말한다. 삶의 목표를 향해 필요한 준비를 한 후, 그 과정을 지나치게 통제하려 하기보다는 변화에 순응하고 유연하게 나아가는 자세가 필요하다. 이때, 조바심을 내지 않고 인내하며 과정을 존중하는 것이 필수적이다. 성급하게 결과를 추구하기보다는, 기다림과 여유를 가지며 자연스러운 흐름에 맡길 때, 더 큰 성과와 의미를 얻을 수 있다. 잘될 것이라는 믿음을 가지고 인내하며 흐름을 따르되, 그 과정에서 자연스럽게 원하는 결과를 이루게 되리라는 긍정적인 믿음을 가지는 것이 중요하다.

혹독한 역경을 딛고 성공한 사람들의 공통점
헝그리 정신과 겸손, 겸양의 자세

나는 기업을 경영하면서 많은 어려움을 겪었고 또 그것을 극복했다. 그러면서 혹독한 어려움을 딛고 성공한 사람에게는 두 가지의 공통점이 있다는 사실을 발견했다. 그중 하나는 헝그리 정신이며, 다른 하나는 겸손과 겸양의 자세이다.

헝거(hunger)는 '굶주림', '배고픔'을 의미하는 영어 단어이다. 배가 고프다는 것은 인간의 가장 원초적인 본능인 먹는 것을 자극하는 것으로, 먹지 않으면 죽게 된다. 즉, 헝그리 정신이란 성공하기 위해 혹독한 역경 속에서도 죽을 각오로 부딪치는 것을 말한다.

헝그리 정신은 어느 정도 성공을 일구었을 때도 필요한데, 과거 역경에 부닥쳤을 때 발휘한 헝그리 정신을 잊지 말아야 한다는 것이다. 즉, 성공을 이루었을 때도 초심을 잊지 말아야 한다는 말이다.

기업은 성공했을 때가 곧 위기가 시작되는 시기이며, 새로운 도전을 해야 하는 시기다. 성공했을 때는 자만하기 쉽다. 이때 필요한 것이 겸손과 겸양 정신이다. 시작이 반이란 말이 있지만, 끝날 때까지 끝난 것이 아니란 말도 있다.

일본의 미키모토 코키치(御木本幸吉)[6]에 관한 기사를 본 적이 있는데 그 기사에 깊이 공감했다. 그에게 동질감을 느꼈기 때문이다. 미키모토는 세계 최초로 진주 양식을 성공한 사람이다. 그의 초기 실험들은 대부분 실패로 끝났다. 해양 오염과 기후 변화로 인해 많은 조개가 폐사했으며, 가진 자본을 모두 쏟아 부어 극심한 경제적 어려움도 겪었다. 그렇지만 그런 어려움에도 굴하지 않고 다시, 또 다시 도전하는 헝그리 정신을 발휘했다.

많은 어려움에도 불구하고 실험을 계속한 결과, 미키모토는 조갯살에 상처를 내면 진주가 형성된다는 사실을 알아냈다. 1893년, 미키모토는 드디어 반구형 양식 진주를 생산하는 데 성공했으나, 그는 이에 자만하지 않고 완전한 구형의 진주를 생산하겠다는 집념으로 실험을 계속했다.

그 결과 1905년, 드디어 완전한 구형의 양식 진주를 생산하는 데 성공했다. 그런데 그 성공이 끝이 아니었다. 시련을 딛고 일어서야 할 받침대가, 그리고 탈환해야 할 진짜 고지가 남아 있었다. 당시

---

6 일본의 보석상 출신 기업인으로, 미키모토 회사의 창업주이자 양식 진주 기술의 창시자다.

강대국이었던 영국에서 미키모토가 생산한 것은 진주가 아니라며 제동을 걸고 나선 것이다. 당시 영국이 세계 자연산 진주 시장을 석권하고 있었는데, 미키모토가 양식으로 진주를 대량 생산하게 되면 타격을 입을 것이 불을 보듯 뻔했기 때문이다. 일개 개인과 세계 최고 강대국의 싸움이 시작되었고, 미키모토는 각고의 노력 끝에 이 싸움에서 승리하게 된다. 옥스포드 대학의 연구 팀으로부터 "진주를 만들어내는 자극물이 자연적으로 발생했는가, 인위적으로 자극물을 삽입했는가의 차이를 제외한다면 미키모토의 진주와 천연 진주의 품질 차이는 거의 없다."라는 연구 결과를 얻어 내어 양식 진주의 질적 우수성을 입증했기 때문이다.

또 생산된 천 개의 진주 중 100개만 상품화시키고 나머지 900개는 공개적으로 전부 소각하는 등 양식 진주의 품질을 유지하고 품질을 향상하는 일에 정성을 쏟았다. 마침내 양식 진주의 품질이 자연산 진주보다 더 우수할 수도 있다는 연구 결과를 받고는 그러한 내용을 최선을 다해서 홍보했다. 마침내 그는 성공했고, 그가 생산한 양식 진주가 바로 오늘날 세계적으로 유명한 미키모토 진주이다.

미키모토 코키치의 성공은 단순한 경제적 성과를 넘어서, 그가 자신이 겪었던 모든 역경을 헝그리 정신으로 이겨낸 것을 상징한다. 미키모토의 기사를 읽고 크게 공감하고 감명을 받은 이유는, 내가 평소 생각하고 있던, 혹독한 역경을 딛고 성공한 사람들의 공통점이 헝그리 정신과 겸손한 마음, 그리고 겸허한 자세를 가지고 있다는 것이었는데, 미키모토가 바로 그런 사례를 보여 주었기 때문이다.

나는 사십여 년 전, 현대정공을 퇴사하고 덕산산업을 창업했다. 당시 내가 가진 모든 것을 쏟아붓고 많은 어려움을 겪었지만, 미키모토처럼 역경을 피하지 않고 헝그리 정신을 가지고 정면으로 부딪쳤다. 그렇게 덕산산업을 경영하며 숱한 어려움을 극복했고, 이후 도금 사업에 뛰어들어 도금 사업에서 어느 정도 성공을 이루었다. 사람은 어느 정도 성공했을 때 자만하기 쉽다. 이때 자만하지 않으려면 겸손과 겸양의 정신이 필요하다. 나는 도금 사업에서 성공한 후에, 자만하지 말아야겠다고 생각했고, 겸손과 겸양의 정신을 마음속에 새기며 매사에 조심했다.

그 후, 솔더볼을 생산하는 덕산하이메탈을 창업했다. 창업 초기, 실험실의 기술을 양산화하는 단계에서 많은 실패를 겪으며 어려움에 부딪혔으나, 각고의 노력 끝에 드디어 양산에 성공했다. 그 일도 헝그리 정신이 없었으면 중간에 포기했을 것이다. 그 후 삼성과 거래의 물꼬를 텄고 세계 시장을 개척해 나갈 수 있었다. 덕산하이메탈이 정상 궤도에 오른 이후 덕산네오룩스를 인수 합병했다. 동사는 R&D 및 생산 기술 부문에 지속해서 투자한 결과 디스플레이(display)용 OLED 재료를 자체적으로 개발하고 생산하며, 덕산그룹의 핵심 계열사가 되었다.

덕산네오룩스는 회사 인수 당시만 하더라도 임직원 27명에 연간 매출액 약 30억 원의 소규모 회사였으나, 기업 인수 후 약 10년만인 2017년, 매출액 1,000억 원을 넘어서는 중견기업으로 성장하였다. 나는 이런 성과에 자만하지 않고 더 큰 발전을 이루고 싶었다. 그러기 위해서는 무엇보다도 그간의 성과에 취해 임직원들이 자칫 자만하지 않도록 경계해야 했다. 이를 위해 필요한 것이 임직원들의 겸손한 마음과 겸양의 자세였다. 그 두 가지가 없으면 성공한 것도 오래가지 못한다. 그러므로 임직원들에게 겸손한 마음과 겸양의 자세를 가지도록 강조할 필요가 있었다. 그래서 2018년 신년사에서 노자의 도덕경에 나오는 말을 인용하여 이를 당부했다.

"생이불유(生而不有), 위이불시(爲而不恃), 장이부재(長而不宰)."[7]

'자기 소유라 여겨서 가지려 하지 말고, 자기가 이룬 것이라고 대가를 바라지 말며, 자기가 키웠다고 해서 함부로 하지 않는다.'라는 의미이다. 이는 덕은 베풀었다고 소유하거나 지배하거나 대가를 기대하지 않는다는 것으로, 인간이 해결하지 못하는 과욕을 스스로 깨우치고 겸양의 미덕을 쌓으라는 뜻으로 해석할 수 있다. 즉, 일이 잘될 때 일하는 자세가 어때야 하는지를 잘 알려주는 말이다.

부족함을 딛고 성공한 수많은 사례 중 소개하고 싶은 또 하나의 사례는 정유재란 때의 이순신 장군이다. 1597년, 명량해전 당시 이

---

[7] 노자의 도덕경 제10장에 나오는 말로 직역하면, '낳고도 이를 소유하지 않고, (길러 주는 일을) 행하면서도 의지하지 않고, 자라나게 해 주면서도 간섭하지 않는다.'이다.

순신의 함대는 겨우 12척의 배로 약 130여 척의 함선을 보유하고 있던 일본 수군과 대적해야 했다. 이때 이순신 장군은 "신에게는 아직 열두 척의 배가 남아 있사옵니다."라고 말하며 결연한 의지를 보이면서, 병사들에게 다음과 같은 유명한 말을 남겼다. "필사즉생, 필생즉사(必死卽生, 必生卽死)." 즉, '죽고자 하면 살 것이요, 살고자 하면 죽을 것이다.'라는 뜻이다. 이순신 장군의 필사즉생 정신은 병사들에게 큰 용기를 주었고, 그들은 최선을 다해 싸워 결국 명량해전에서 승리했다.

미키모토와 이순신 장군의 사례, 그리고 나의 경험에서 볼 수 있는 공통점은 모두가 혹독한 역경을 딛고 성공했다는 점이며, 그리고 그것을 가능하게 한 것은 헝그리 정신과 겸손, 겸양이라는 것이다. 헝그리 정신과 겸손, 겸양은 나의 경영 철학의 큰 축으로 자리하고 있다.

"헝그리 정신은 도전의 원동력이고, 겸손과 겸양은 그 도전을 지속하게 하는 힘이다."

헝그리 정신은 우리가 직면한 난관을 극복할 수 있는 강력한 원동력이 된다. 이를 통해 우리는 실패에서 교훈을 얻고, 그 경험을 바탕으로 더 강하고 지혜로운 사람이 될 수 있다. 그러나 어느 정도 성공을 거두었을 때, 그 성공에 도취하거나 오만에 빠지지 않는 것이 중요하다.

  그 과정에서 우리가 가져야 할 태도는 겸손이다. 자신이 이룬 성취에 안주하지 않고, 여전히 부족함을 느끼며 겸양의 정신을 유지하는 것이 핵심이다. 이는 자신을 과시하거나 자만하지 않고, 주변의 도움과 의견을 받아들이며, 끊임없이 배우고 학습하려는 자세를 뜻한다. 이처럼 계속해서 성장하고 발전하려는 마음가짐이 진정한 성숙과 지속 가능한 성공으로 이어지게 된다.

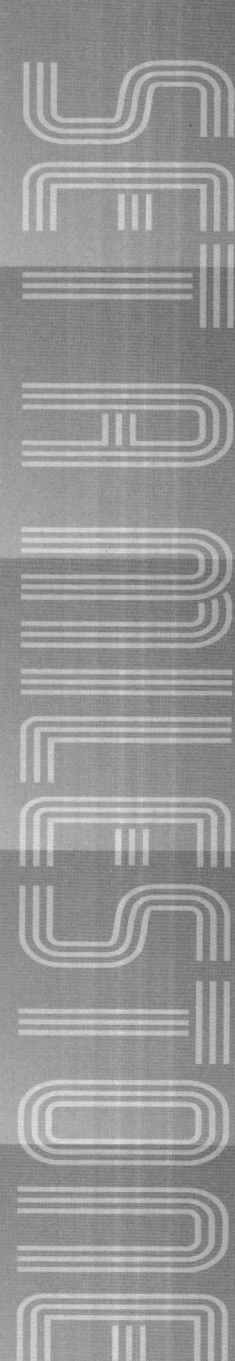

7장

기업 경영을 통해
깨달은 삶의 진정한 가치

기업 경영을 하면서 많은 깨달음을 얻었다. 그 깨달음은 기업 경영에서뿐만 아니라 일상생활에 적용할 수 있는 지혜가 될 수도 있겠다는 생각이 들었다. 어쩌면 이 책을 쓰게 된 것도 기업 경영을 통해 얻은 지혜를 일상생활에도 적용할 수 있도록 독자들과 공유하고자 하는 마음에서 비롯되었다고 할 수 있다. 이 깨달음은 기업 경영에서 좋은 성과를 내기 위한 방편에 그치지 않고, 사람과의 관계를 이해하고 관리하는 법, 예기치 않은 상황에 대비하는 유연함. 그리고 끊임없이 배우고 성장하는 자세에 대해서도 일깨워 준다. 이런 경험에서 나온 지혜는 일상생활 속에서도 긍정적인 변화를 이끌어 낼 수 있다. 독자들이 작은 순간에도 이 책을 통해 얻은 지혜를 적용해 볼 수 있기를 바라는 마음이 크다.

신선놀음에 도낏자루 썩는 줄 모른다
몰입의 순간, 시간은 똑같이 흐르지 않는다

옛날 어느 산골에 나무꾼 한 사람이 살고 있었다. 어느 날, 나무꾼은 평소와 같이 산에 올라가 나무를 하다가 우연히 두 명의 신선이 바둑을 두고 있는 것을 보게 되었다. 그것이 너무나 재미있어서 나무꾼은 시간 가는 줄 모르고 신선들의 바둑 놀음에 빠져들었다.

한참 후, 신선들은 바둑을 끝내고 사라졌고, 나무꾼은 그제야 정신을 차리고 나무를 찍기 위해 도끼를 들었다. 하지만, 자신의 도낏자루는 썩어 있었다. 영문도 모른 채 나무꾼이 나무를 다 하고 집에 와 보니, 모르는 노인이 한 사람 있었다. 알고 보니 그 노인은 자신의 증손자였다. 나무꾼이 신선들의 바둑 놀음을 구경하던 그 잠시의 시간 동안 무려 세 세대의 시간이 흘러간 것이었다.

이 이야기는 사람이 재미있거나 흥미로운 일에 너무 몰두하게 되면, 시간이 어떻게 가는지 모르고 중요한 할 일을 잊어버리게 된다고 경고하는 의미가 있다. 다른 한편으로 이 이야기는 인간이 어떤 일에 몰입할 때의 시간의 밀도를 보여주고 있다. 나무꾼이 몰입한 시간(신선들의 바둑 구경)과 그렇지 않은 시간(일반 세상)과의 밀도를 비교해 볼 수 있는데, 인간이 몰입하는 시간이 그렇지 않은 시간보다 훨씬 더 시간의 밀도가 높다는 것을 보여 준다.

예를 들면, 몰입하는 세계를 A라 하고 그 바깥 세계를 B라 했을 때, A에서는 B에서보다 시간의 밀도가 훨씬 높아진다. 이 말은 어떤 일을 몰입해서 하게 되면 몰입하지 않았을 때보다 시간이 적게 걸리며 효율성도 높아진다는 것을 의미한다.

아인슈타인의 특수 상대성이론에도 이와 비슷한 개념이 있다. 예를 들어, 빛에 가까운 속도로 우주를 여행하는 우주 비행사의 시간은 지구에 있는 사람보다 느리게 흐른다. 그 때문에 우주 비행사가 다시 지구로 돌아왔을 때 지구에서는 더 많은 시간이 흘렀다는 것을 알 수 있다.

이와 같은 내용을 소재로 하여 만든 미국의 공상과학 영화로「혹성탈출」이라는 영화가 있다. 이 영화는 1968년에 개봉한 고전 영화로, 우주 비행사들이 우주 탐사를 하다가 도착한 미지의 행성에서 고도의 지능을 가진 유인원이 지배하는 사회를 발견하게 되는데, 그 미지의 행성이 미래의 지구라는 것을 알고 충격을 받는다는 내용이다. 이 영화는 아인슈타인의 특수상대성이론에 기초한 시간 지연 효과라는 개념을 이용하여, 우주 비행사들이 미래의 지구에 도착하는 것으로 설정했다. 이것은 과학적으로 신빙성이 있는 내용으로, 빛에 가까운 속도로 여행할 때 시간이 느리게 흐르는 현상을 잘 설명해 주고 있다.

신선놀음(바둑) 이야기나, 아인슈타인의 특수상대성이론, 그리고 영화「혹성탈출」의 내용은 모두 시간이 모든 장소에서 똑같은 속도로 흐르지 않는다는 것을 보여 주고 있다.

꼭 이 사례들이 아니더라도, 우리의 일상생활 속에서도 몰입하여 일하게 되면 시간의 밀도가 훨씬 높아진다는 것을 느낄 수 있다. 몰입해서 일했을 때, 짧은 시간에 더 많은 일을 한 경험이 누구에게나 한 번쯤은 있을 것이다. 예컨대, 학창 시절 시험 기간에 벼락치기 공부를 해 본 경험이 있는 사람이라면, 짧은 시간에 평소보다 더 많은 양의 공부를 할 수 있다는 것을 알 것이다. 이처럼 몰입해서 일하면 10년 이상 걸려서 할 일을 1~2년 만에 끝낼 수도 있다는 것이다.

- **몰입은 시간의 밀도를 진하게 만든다**

'몰입(flow)'이란 자의식이 사라질 만큼 특정한 것에 심취한 것을 뜻하며, 몰입에 관해 연구한 학자로는 심리학자 미하이 칙센트미하이(Mihaly Csikszentmihalyi)[1]가 잘 알려져 있다. 몰입은 다양한 측면에서 긍정적인 효과가 있다. 먼저 몰입은 기업의 성과를 향상하는 데 큰 도움이 된다. 기업이 몰입 상태에 도달하려면 명확한 목표가 있어야 하는데, 목표가 명확하면 집중하기가 쉬워진다. 활동 중에 즉각적인 피드백을 받으면, 진행 상황을 파악하고 조정할 수 있어 몰입 상태를 유지하기 쉽다. 몰입 상태에 들어가면 외부의 방해 요소를 최소화하고, 특정 작업에 대한 집중력을 극대화할 수 있다.

또한, 몰입의 효과는 팀 작업이나 그룹 활동에서도 나타난다. 몰입은 팀원 간 유대감을 강화하고 협력을 촉진하여 업무의 효율성과 성과가 크게 향상된다. 이는 조직의 목표 달성과 개인의 성취도 향상에 모두 기여한다. 또한, 창의적인 사고를 촉진하여 새로운 아이디어와 혁신적인 해결책을 찾는 데 도움이 된다. 이외에도 생산성 향상 등 다양한 측면에서 긍정적인 효과가 있다.

나는 대학의 실험실에서 개발한 솔더볼 기술을 처음 도입해 3년이라는 시간 동안 양산 기술 개발에 최선을 다한 결과 드디어 양산에 성공하였다. 양산 기술 개발에 몰두한 이 기간은 나와 회사 직원들에게는 몰입의 시간이었다. 만약 다른 기업에서 몰입하지 않

---

[1] 미하이 로버트 칙센트미하이(Mihaly Robert Csikszentmihalyi, 1934.~2021). 이탈리아에서 출생한 심리학자이자 미국에서 활동하는 교수이다. 'flow(몰입)' 개념의 창시자로 널리 알려져 있다. 이 개념은 몰입 상태에서 경험하는 최적의 심리적 상태를 설명하며, 인간의 행복과 성취감을 연구하는 데 중요한 역할을 했다.

고 솔더볼 기술을 개발하려 했다면, 10~20년의 기간이 걸렸을지도 모른다. 그렇게 된다면 설령 기술을 개발했다 하더라도 그 기술은 시대에 뒤떨어질 수밖에 없었을 것이다. 시대에 뒤떨어지지 않게 개발 기간을 줄이려면 연구 개발도 몰입해서 해야 한다. 덕산은 그 기간에 오로지 솔더볼 양산 기술 개발에만 몰입한 덕택에 3년이란 짧은 기간 내에 기술 개발에 성공할 수 있었다.

시간은 누구에게나 똑같이 흐르지 않는다. 몰입하는 시간과 그렇지 않은 시간은 천지 차이다. 어떤 목표를 설정하고 실행할 때에는 몰입하는 자세로 임해야 하며 그것이 성공을 앞당겨 주는 열쇠이다.

배움의 자세가
인생에 미치는 영향

　삼인행필유아사(三人行必有我師)[2]라는 말은 중국의 고전 『논어』에 나오는 말로, '세 사람이 길을 가면 반드시 스승으로 받들 만한 사람이 있다.'라는 뜻이다. 이 말은 세상의 모든 사람에게는 배울 점이 있으니 항상 겸손하고 배우려는 자세를 견지하라는 의미이다.

　공자는 세상에 완벽한 사람이 없다고 말했지만, 모든 사람에게는 다른 사람이 배울 만한 가치 있는 점이 있다는 것을 강조했다. 즉, 우리의 스승은 언제 어디서나 존재하며, 그 스승은 선생님이나 전문가뿐만 아니라 동료, 친구, 가족 구성원일 수도 있다. 심지어 여든 살의 노인도 어린아이에게 배울 점이 있는 것이다. 그러므로 누

2　논어 술이(述而)편 속 공자님 말씀이다.

구에게나 배울 자세, 즉 학습 자세가 되어 있어야 한다.

그냥 지나치면 사소한 일도 학습 자세가 된 사람은 배울 점을 찾는다. 평범한 가운데서도 배울 점은 배워야 하며, 좋지 못한 부분을 보면 저렇게 해서는 안 되겠구나 싶은 점을 배워야 한다. 즉, 누구에게서나, 무엇에게서나 배울 점을 찾아내는 것이다. 그뿐만 아니라 진정한 배움은 배운 내용을 실천할 수 있어야 한다. 다시 말해 올바른 학습 자세는 배우는 것에만 그치는 것이 아니라 태운 내용을 실천하는 용기와 용단을 포함한다. 이것이 바로 미래로 향하는 발전 지향적인 삶의 자세라 할 수 있다. 왜냐하면 긴 시간이 흐른 후에는 그러한 학습 자세가 되어 있는 사람과 그렇지 않은 사람과는 그 결과에서 많은 차이가 나기 때문이다. 미래 발전 지향적인 삶을 살고자 한다면 누구에게나 배울 수 있고, 배운 것을 실천하고자 하는 용기와 용단을 가지는 올바른 학습 자세를 가져야 한다.

젊은 날 한창 사업에 바쁘던 어느 날, 서울역에서 울산행 기차를 기다리며 있었던 일이다. 예약해 둔 기차 출발 시각에 맞춰 서둘러 서울역에 도착하니 식사를 할 시간을 놓쳤다. 간단하게 요기라도 할 요량으로 빵을 세 개 사서 대합실 한쪽 구석에서 먹고 있었다. 그런데 노숙자로 보이는 한 사람이 나에게 와서 돈 만 원만 달라고 해서 주었더니 그다음엔 빵 하나만 나누어 주면 안 되겠냐고 했다. 남아 있는 빵은 내가 제일 좋아하는 크림빵이었다. 순간 망설이다가 그 빵을 그에게 건네자 그는 빵을 받아들고 바로 내 옆에 앉아서 먹기 시작했다.

당시는 박원순 서울 시장 시절이었는데, 서울역의 노숙자 문제가 이슈가 된 시기이다. 미관상 좋지 않으니 노숙자들을 전부 단속하자는 의견과 그렇다고 단속하는 것은 건 비인간적이니 그대로 두자는 의견이 팽팽히 맞서던 시기였다. 만약 당시 노숙자 문제를 보도하기 위해 방송사에서 나와 촬영을 했다면 그 사람과 나란히 앉아서 빵을 먹고 있던 나도 영락없이 노숙자로 비쳤을 것이다. 노숙자와 함께 앉아 빵을 먹고 있으니 지나가는 사람이 언뜻 보기에는 나나 노숙자나 별반 차이가 없어 보였으리라. 그러나 사실 나는 노숙자와는 천지 차이가 나는 중견기업의 사장이었다.

그때 '내 옆에서 빵을 먹고 있는 이 사람도 나와 똑같은 인간인데, 어쩌다 나는 사장이 되었고 이 사람은 노숙자가 되었을까? 무엇이 이런 차이를 만들었을까?' 하는 생각이 들었다. 그것을 나는 삶에 대한 올바른 학습 자세가 아닐까 하고 생각했다. 나는 누구에게든 배우고 노력하고 받아들이는 학습 자세가 되어 있고, 그것이 옳다고 느끼면 단호하게 실천하는 용기와 용단이 있다. 학습 자세와 용기, 용단을 가지고 배우고 실천한다면 크든 작든 발전이 있으리라는 것이 평소 나의 생각이다. 그런데 내 옆에 앉아서 빵을 먹고 있던 그 노숙자는 그런 학습 자세와 그것을 실천하는 용기와 용단이 있었을까? 만약 그랬다면 노숙자가 되어 구걸하는 삶을 살고 있지는 않았을 것이다. 한 사람은 중견기업의 사장, 다른 한 사람은 노숙자로 만든 것은 바로 학습 자세의 차이라는 것이 나의 지론이다.

누가 되었든, 무엇이 되었든, 작은 것도 배우겠다는 학습 자세는 가랑비에 옷이 젖는 것과 같다. 작은 배움이지만 그것이 쌓이는 것과 그렇지 않은 것은, 한 사람을 사장으로, 다른 사람을 노숙자로 만드는 만큼의 커다란 차이를 만드는 것이다.

그러므로 누구에게든 배울 점이 무엇인가를 항상 찾는 학습 자세와 배운 것에 그치지 않고 실천하는 자세가 있어야 발전할 수 있다. 이 이치는 기업이나 개인에게나 모두 적용된다.

'삼인행필유아사(三人行必有我師)'의 자세는 누구에게서든지 배울 것이 있다고 생각하는 마음가짐이기에, 한편으로 상대방을 존중하고 그들의 가치를 인정하는 마음을 가지게 되므로, 인간관계를 더욱 깊고 풍요롭게 하여 더 나은 소통과 협력을 가능하게 한다. 리더가 이러한 학습 태도와 그것을 실천하는 용기와 용단이 있으면, 구성원들의 다양한 의견을 수용하고 존중하는 리더십을 발휘할 수 있게 된다. 이는 조직의 결속력을 강화하고, 더 강한 조직을 만들 수 있게 한다.

배움의 대상에는 제한이 없다

배움의 대상에는 제한이 없다. 비록 적이라도 배울 점이 있으면 최선을 다해 배워야 한다. 그러한 자세를 실천한 사람이 일본 제국의 해군 제독으로, 쓰시마 해전을 승리로 이끌었던 도고 헤이하치로(東鄕平八郞)이다.

쓰시마 해전(Battle of Tsushima)은 1905년 5월 27일부터 5월 28일까지 쓰시마 해협에서 벌어진 해전으로, 러일전쟁에서 일본이 승기를 굳히게 되는 결정적인 해전이다. 러일전쟁이 발발하자 러시아의 발트 함대는 일본 해군과 맞서기 위해 1904년 10월 상트페테르부르크 인근의 리바우항에서 출발하여 동아시아로 항행하게 된다. 당시 러시아의 전함들은 흘수선이 수에즈 운하의 통항제한 수심보다 깊어 수에즈 운하를 통과할 수 없었기 때문에 아프리카를 돌아 아시아로 가는 여정을 선택할 수밖에 없었다. 일본 연합함대의 사령관 도고 헤이하치로 제독은 발트 함대가 블라디보스토크로 가기 위해 쓰시마 해협을 통과할 것으로 예측하고 부산 앞바다로 일본 함대를 이끌고 와서 기다렸다. 일본 해군은 아프리카를 돌아 8개월간 무려 18,000해리[3]를 항해하며 진이 빠진 발트 함대를 상대로 쓰시마 해협에서 압승을 거두었다.

쓰시마 해전의 승리는 러일전쟁의 전환점이 되었으며, 일본의 승리로 전쟁을 종결짓는 데 큰 영향을 미쳤다. 결국, 러일전쟁의 승리로 일본은 국제사회에서 강대국으로 인정받게 되었으며, 아시아에서 일본의 영향력이 크게 강화되어 대한제국과 만주에 대한 지배권을 공고히 하게 되었다. 한편, 쓰시마 해전은 러시아에 큰 충격을 주었으며, 러시아 내부적으로도 정치적 불안과 혼란을 가중시켰다. 쓰시마 해전 이후 러시아는 평화 협상을 강요받았고, 결국 포츠머스 조약을 통해 전쟁이 종결되었다. 이 해전은 제국주의 시대의 한 전환점으로, 일본이 근대화 이후 서구 열강을 상대로 승리한 최초의 비서구 국가가 되면서 국제적 위상을 높인 사건이기도 하다.

쓰시마 해전 승리 후 도고 제독 개선 축하연이 제국호텔에서 열

---

3 약 33,000km(1해리=1,852미터)

렸는데, 어떤 사람이 아첨하면서 말했다.

"이번 대승은 역사에 남을 위대한 것이다. 바로 트라팔가르 해전에서 나폴레옹을 패배시킨 넬슨 제독과 필적할 수 있는 귀하는 군신(軍神)이다."

이에 대해 도고 제독은 "칭찬해 주어 감사하나, 내가 생각하기에는 넬슨은 군신이 아니다. 진정으로 군신의 칭호를 받을 만한 제독이 있다면 그는 조선의 이순신일 것이다. 이순신에 비하면 나는 하사관에도 미치지 못한다. 적국의 장수였지만 우리가 진정으로 배워야 할 대상은 이순신 장군이다."라고 하였다. 러시아에 대승했음에도 불구하고 제독이 보여준 겸손하고 겸허한 자세는 우리가 배워야 할 덕목이다. 제독은 승리 앞에 기세등등한 모습보다는 자신이 평소 존경하던 이순신 장군을 '해군 역사상 군신이라고 할 수 있는 제독이 있다면 이순신 장군 단 한 사람뿐'이라고 칭송한 것이다.

또한 모든 해전에서는 전투를 치르기 전 승전을 기원하는 제를 지내는데, 도고 제독은 제를 지낼 때 이순신 장군의 위패를 모셨다고 하니 이순신 장군에 대한 그의 믿음과 존경이 실로 대단했음을 알 수 있다.

도고 제독에게 배워야 할 점이 여기에 있다고 생각한다. 비록 약소국의 장군이고 적국의 장군이었지만 배워야 할 점이 있으면 끝까지 좇아 배우고 가슴에 새긴 것이다. 배움에는 제한이 없다. 배워야 할 대상이 적국이든 누구든 배울 것이 있으면 배워야 한다.

이러한 배움의 자세는 도고 제독뿐만 아니라 일본 역사의 다른 사례에서도 찾을 수 있다. 에도 막부 말기인 1853년, 미국의 흑선이 일본에 나타나 조약 체결을 요구했을 때, 일본은 처음에는 군사적으로 저항하려 했다. 그러나 흑선의 압도적인 군사력과 현대적 기술에 직면한 일본은 싸우기보다는 배우는 것이 더 현명하다고 판단했다. 그리하여 1854년 미일 화친 조약(가나가와 조약)을 체결하였고, 일본은 서양의 선진 문물을 수용하기로 했다. 이 책의 2장 '전략적 혁신의 도구, 벤치마킹'에서도 언급한 바 있듯이, 일본은 1868년 메이지 유신을 단행한 후 서구의 제도와 기술을 배우기 위해 이와쿠라 사절단을 파견했다. 이 사절단은 미국과 유럽을 방문하여 정치, 경제, 법률, 군사, 교육 등 다양한 분야에서 서구의 선진 제도와 기술을 조사하고 배웠다. 이와쿠라 사절단의 경험은 일본의 근대화 과정에 중요한 역할을 했다.

반면 조선은 그러한 배움의 정신이 약했다. 임진왜란 당시 일본은 소총을 비롯한 선진적인 무기를 갖추고 있었고, 조선은 이러한 선진 무기를 당해 낼 수 없었다. 그런데도 조선은 일본의 앞선 부분을 제대로 배우려고 하지 않았다. 300년이라는 긴 시간이 흘렀음에도 이러한 배움의 자세에 대한 근본적인 변화가 이루어지지 못했고, 결국 일본에 의해 국권을 빼앗기는 비극을 맞이했다. 적국에게라도 배우려고 하는 자세를 가지지 못한 대가를 참혹하게 치른 것이다.

　배움의 대상에는 제한이 없다. 어떤 것에서라도 배우려는 정신이 나를 발전시키고 조직을 발전시키고 나라를 발전시킨다. 일본의 사례에서 보듯 배움의 대상에 제한을 두지 않는 자세는 세계사에까지 영향을 미치는 것이다. 배움의 대상에 제한을 두지 않는 자세는 기업 경영에서는 특히 중요하다.

배움의 목적은 선(善)의 실천이다

배움의 목적은 크게 실용적 측면과 정신적 측면으로 나눌 수 있다. 실용적인 측면은 우리가 일상에서 경험하는 학문과 기술을 통해 문제를 해결하고 삶의 질을 높이는 것을 의미한다. 그러나 진정한 배움은 단순히 유용함을 넘어서 정신적 성찰과 도덕적 성장을 지향하는 데에 있다. 여기서는 배움의 정신적 의미와 그것이 선의 실천과 어떻게 연결되는지 살펴보고자 한다.

배움은 단순히 지식을 쌓는 행위가 아니라, 삶의 방향을 올바르게 설정하고 선을 실천하기 위한 과정이다. 선을 추구한다는 것은 인간의 내면, 즉 보이지 않는 영혼의 활동과 깊이 연관되어 있다. 철학자들은 이 영혼의 작용이 인간을 좋은 것으로 이끄는 근원적 힘이라고 보았다. 선을 향한 의지는 눈에 보이지 않지만, 이를 통해 우리는 더 나은 자신과 사회를 만들 수 있다.

고대 그리스 철학자 소크라테스는 배움의 궁극적인 목적이 도덕적 삶을 추구하는 것이라고 주장했다. 그는 선과 윤리를 인간의 삶에서 가장 중요한 가치로 여겼으며, "불의를 저지르는 것이 불의를 당하는 것보다 더 나쁘다."라고 말했다. 이는 그의 대화편 『고르기아스』에서 명확히 드러나며, 도덕적으로 올바른 행동이 무엇보다 중요하다는 그의 신념을 보여 준다. 소크라테스는 자신의 철학적 원칙을 지키기 위해 목숨까지도 내놓았다. 아테네 법정에서 부당하게 사형 선고를 받았을 때, 그는 자신의 신념을 굽히지 않고 독배를 마시는 것을 선택했다. 이 행동은 진리와 선을 향한 그의 의지가 얼마나 강렬했는지를 증명하며, 인간이 배움을 통해 도달해야 할 최상의 경지를 상징한다.

소크라테스의 뒤를 이은 철학자들, 예를 들어 아리스토텔레스와 칸트 역시 배움의 궁극적 목표를 선의 실천으로 보았다. 아리스토텔레스는 행복을 인간의 최고선으로 규정하며, 이를 실현하기 위해 도덕적 덕과 지식적 덕을 통해 자신을 계발해야 한다고 강조했다.

칸트는 도덕적 원칙을 인간의 자유와 이성을 기반으로 한 보편적 법칙으로 보며, "너 자신과 타인의 인간성을 결코 수단으로 대하지 말고 항상 목적 그 자체로 대하라."라고 말했다.

결국, 배움의 궁극적 목적은 선을 실천하는 데 있다. 참된 배움은 단순히 지식이나 기술을 쌓는 것을 넘어서, 인간의 내적 성찰을 통해 더 높은 도덕적 경지에 이르는 여정이다. 배움은 곧 선을 이루기 위한 과정이며, 선은 배움의 최종 목적지이다.

기업 경영도 마찬가지다. 나에게 경영은 단순히 사업을 잘하는 기술이나 요령을 익히는 것이 아니라, 삶의 본질적 가치를 깨닫고 실천하는 또 다른 배움의 장이었다. 경영에서 얻은 지혜와 통찰은 개인의 삶에도 그대로 적용되기에, 나는 기업 경영이 개인의 삶의 철학과 불가분의 관계라고 믿는다. 나는 기업 경영을 통하여 몰입하고, 겸허한 학습 자세를 유지하며, 올바른 대상을 향해 끊임없이 배우는 과정을 거쳤다. 그러한 배움의 과정에서 깨달은 중요한 것이 기업 경영이 향하고자 하는 방향과 기업 경영이 가고자 하는 목표이다. 단순히 회사를 성장시키는 것이나 돈을 버는 것이 기업 경영의 최종 목표가 되어서는 안 된다. 기업 경영은 사회의 선을 실천하는 것을 최종 목표로 삼아야 한다.

그래서 나는 기업 경영을 통해 얻은 이익을 사회에 환원하고자 했다. 노블레스 오블리주(noblesse oblige), 즉 '높은 책임'을 다하기 위해 장학재단을 설립하여 학비가 필요한 인재에게 장학금을 지원하고, 저소득층이나 외국인 근로자 등 사회적 약자에게 의료비를 지원했으며, 울산의 제조업 르네상스를 위한 스타트업 육성을 위해 지역 대학에 창업 교육 및 스타트업 지원 목적의 빌딩 건축 비용을 기부하는 등, 더 나은 사회를 추구하기 위한 다양한 형태의 기부를 해 왔다.

　기업은 이윤을 추구하지만, 이윤 추구의 궁극적 목적은 반드시 사회를 향한 선한 영향력으로 연결되어야 한다. 그것이 내가 기업 경영이라는 배움을 통해 얻은 확고한 신념이다.

믿음을 행동으로 보여주는 용기

국경을 초월하여 진실을 추구하는 자세

앞서 일본의 도고 헤이하치로 제독의 일화를 소개한 바 있다. 도고 제독은 이순신 장군이 비록 적국의 장군이었지만 그를 높이 평가하고 숭배했을 뿐 아니라, 적국의 장수에게도 배울 내용이 있으면 배우고자 노력하는 학습 자세를 보여 주었다. 이러한 자세는 세간의 평가를 아랑곳하지 않고 자신이 옳다고 믿는 바를 행동하는 용기와 직결된다. 비록 적국 학자의 학설이지만 이를 인정하고 지지하며, 자신이 옳다고 믿는 바대로 행동하는 용기를 보여 준 또 하나의 사례가 있어 소개한다.

1919년, 제1차 세계대전이 막 끝난 후 영국과 독일은 적대 관계에 있었다. 그런데도 영국의 천문학자 아서 에딩턴[4]은 당시 독일의 물리학자 알베르트 아인슈타인이 제시한 일반 상대성 이론을 천문 관측으로 검증하고 이를 공개적으로 지지하였다. 이는 단순한 과학이론의 인정이 아니라, 국적과 편견을 초월하여 진실을 추구하고, 자신의 믿음을 용기 있는 행동으로 보여 준 상징적인 사건으로 평가된다.

아인슈타인의 일반 상대성 이론에 따르면 중력은 단순한 힘이 아니라, 질량에 비례하는 물질의 중력이 시공간을 휘어지게 만드는 것이다. 특히 태양처럼 거대한 질량체 주변에서는 별빛조차 직선이 아닌 곡선 경로를 따라 이동하게 된다는 것이다. 이 이론은 영국의 뉴턴이 주장한 '빛은 직진한다.'는 중력에 관한 기존의 학설을 뒤집는 혁신적인 관점이었으며, 당시에는 매우 낯선 내용이었다.

에딩턴은 1919년 5월 29일의 개기일식을 활용하여 아인슈타인의 이 이론을 검증하고자 하였다. 개기일식 동안 태양의 강한 빛이 가려지면서, 태양 주변의 별빛을 관측할 기회가 생겼다. 에딩턴은 아프리카의 프린시페 섬과 브라질의 소브랄에서 관측을 진행하였고, 마침내 태양의 중력에 의해 별빛이 휘어질 것이라는 아인슈타인의 예측을 실험으로 증명하였다.

---

4 아서 에딩턴(Sir Arthur Stanley Eddington, 1882~1944). 영국의 천문학자로, 아인슈타인의 일반 상대성 이론을 검증한 실험을 한 것으로 유명하다.

이 사건으로 아인슈타인은 세계적으로 명성을 얻었다. 에딩턴 역시 이 사건을 통하여, 과학적 진실을 위해 적국 과학자의 이론을 지지한 용기 있는 지식인으로 존경을 받게 되었다. 에딩턴의 용기는 단순히 물리학의 진보를 넘어, 과학자의 윤리, 인류의 화합, 진실의 힘을 보여준 역사적 이정표라 할 수 있다.

공짜 치즈는 쥐덫에나 걸려 있다

"공짜 치즈는 쥐덫에나 걸려 있다"라는 러시아 속담은 아무 대가나 위험 없이 얻어지는 이익은 없다는 뜻을 담고 있다. 쥐덫에 있는 공짜 치즈는 쥐에게는 위험한 함정일 뿐이라는 말로, 쉽게 얻을 수 있는 이익이나 성과에는 함정이 있을 수 있다는 경고를 담고 있다.

기업을 경영하다 보면 많은 투자 제안이 들어온다. 그중에는 진정으로 기업의 성장을 돕고자 하는 정당한 투자 제안도 있지만, 사기꾼들의 달콤한 제안도 아주 많다. 특히 초기 단계의 스타트업이나 급격한 성장을 추구하는 기업들은 사기성 투자 제안의 유혹에 항상 노출되어 있으며, 이들은 이러한 유혹에 쉽게 넘어갈 수 있는 위험성이 높다.

사기성 투자 제안의 유형은 다음과 같다.

첫째, 실제보다 기술력을 과장하거나, 아직 개발 단계에 있는 기술을 이미 완성된 혁신적인 기술로 포장해 투자를 권유한다. 예를 들어, 특정 기술이 시장을 혁신할 잠재력은 가지고 있지만, 실제로는 아직 실현 가능성이 낮거나 개발 초기 단계에 머물러 있는데도 불구하고 이를 이미 완성된 기술로 포장하여 과도한 기대감을 주며 투자를 유도하는 방식이다. 이럴 때 경영자는 기술의 실질적 상태를 냉정하게 평가하고, 그 가능성을 신중히 검토해야 한다. 기술의 발전에는 시간과 자원이 필요하며, 이를 무시한 성급한 투자 결정은 기업에 불필요한 리스크를 안길 수 있다.

둘째, 과도한 이익을 약속하는 투자 제안이다. "몇 년 내에 수십 배의 수익을 낼 수 있다."라거나 "시장을 독점할 기회를 잡을 수 있다."라는 식의 약속을 하는 것이다. 그러나 현실에서 고수익이 보장되는 투자 기회는 극히 드물며, 대부분 이러한 제안에는 심각한 위험 요소가 숨어 있다. 지나치게 높은 수익을 보장하는 투자 제안은 그 자체로 경계해야 한다. 높은 이익을 보장하는 투자일수록 그 이면에는 숨겨진 리스크가 존재하며, 이는 투자자가 충분히 이해하고 대비해야 할 부분이다. 일확천금을 노리다가 잘못되면, 기업이 지속 가능한 성장을 하는 데 실패하고 결국 도산 위기에 처하게 된다.

"공짜 치즈는 쥐덫에나 걸려 있다"라는 속담이 말해 주듯, 쉽게 얻을 수 있는 이익은 그만큼 큰 대가를 치르게 마련이다. 경영진이 이러한 대가를 미리 알아차리지 못하면, 조직 전체가 치명적인 손해를 입게 된다. 단기적으로는 유리하게 보일 수 있는 투자 제안도 장기적으로는 기업의 재정 상태를 악화시키고, 기업의 본질적인 성장 가능성을 해치는 결과를 초래할 수 있다.

경영자는 유혹에 흔들리지 않고 냉철하게 상황을 분석해야 하며, 특히 투자 제안 과정에서 제안자들이 제공하는 정보의 신뢰성을 검증하는 절차를 강화해야 한다. 기술 검증, 시장 분석, 재무 건전성 평가 등 모든 면에서 충분한 실사를 통해 리스크를 최소화하는 것이 현명한 기업가의 자세이다.

기적은 오직 준비된 자에게만 온다

인생이나 기업 경영에서 성공의 기회는 그냥 오는 것이 아니다. 노력하고 준비된 사람에게 운이 따랐을 때 찾아온다. 아래 그림처럼 인간의 노력과 운이 겹치는 교집합 부분이 성공 존(zone)이다. 끊임없이 준비하고 노력하는 사람에게 운이 찾아오면, 그 기회를 최대한 활용해 성공을 거둘 수 있다.

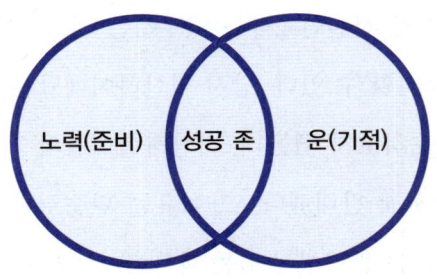

미국의 유명한 농구 선수인 마이클 조던은 뛰어난 재능을 가졌음에도 불구하고 끊임없는 노력과 훈련으로 자신을 단련했다. 조던은 청소년 시절, 키가 작고 팀에서도 눈에 띄지 않아 고등학교 농구 팀의 1군 선수 선발에서 탈락하는 고비를 겪기도 했다. 그러나 그는 좌절하지 않고 지속해서 자신을 갈고닦았고, 체력과 기술, 그리고 정신력에 이르기까지 모든 부분을 준비했다.

그러던 어느 날, 조던에게 NBA라는 무대에 설 기회가 왔다. 행운의 순간이 다가온 것이다. 이미 충분히 준비된 상태였던 그는 그 운을 잡아채었고, 이후 승승장구하며 세계 최고의 농구 선수가 되었다. 마이클 조던의 성공은 단순한 운이나 기적 덕이 아니라, 그 기적을 받아들일 준비가 된 상태였기에 가능했다.

즉, 운이 왔을 때 이를 활용할 수 있는 능력이 있었기에 그 결과가 성공으로 이어진 것이다. 이처럼 노력과 준비, 그리고 운이 만나는 교집합의 영역이 바로 기적을 만드는 '성공 존'인 것이다.

– 덕산의 성공 존 형성

덕산네오룩스의 전신인 L사를 인수하는 과정에서 이러한 성공 존의 존재를 확인할 수 있다. 당시 덕산하이메탈은 OLED 소재 업체인 L사를 인수하고자 했는데, 덕산하이메탈의 2대 주주였던 유미코아가 강력하게 반대했다. 그 이유는 단순했다. 덕산하이메탈이 OLED 사업과는 관련성이 없는 회사이며, OLED 사업에 대한 전문성이 없다는 점에서 리스크가 크다는 것이었다. 하지만 덕산은 유미코아와의 결별까지 각오하며 L사를 인수하는 길을 택했다. 이는 단순한 무모함에서 비롯된 것이 아닌, 성공존에 대한 믿음과 확신에서 한 결정이었다.

성공 존을 설명하기 위해 덕산과 대기업인 S사의 관계를 살펴볼 필요가 있다. 당시 S사는 덕산에 L사의 인수를 권유했다[5]. 당시 S사는 많은 협력업체 중 왜 덕산하이메탈에, 그것도 OLED 사업과는 직접적인 관련이 없는 덕산에 인수를 권유했을까? 나는 그 이유를 오로지 그동안 쌓여 왔던 덕산에 대한 S사의 신뢰 때문이라고 생각한다. 신뢰는 결코 하루아침에 쌓이는 것이 아니다. 덕산은 오랜 시간에 걸쳐 꾸준한 노력과 성과를 보였고 이것이 결국 S사의 신뢰를 얻게 된 요인이었다. 그 결과 S사는 많은 선택지 중 덕산을 선택한 것이다. 이 외부 요인은 덕산이 오랜 기간 준비한 신뢰의 결과로 얻어낸 결실이다.

하지만 외부 요인만으로는 성공을 설명할 수 없다. 내부적으로도 덕산은 철저히 준비된 상태였다. S사가 덕산에게 L사 인수를 권유했을 당시, 만약 덕산이 여유 자본이 없었다면 그 기회를 잡을

---

[5] 대기업인 S사에서 액정 재료 기술을 가지고 있는 L사를 인수하면 어떻겠냐는 제안을 해 왔고, 나도 L사를 인수하고 싶은 생각이 있어 S사에게 L사를 인수할 수 있게 협력해 달라는 요청을 했다. 뿐만 아니라 L사를 인수하게 되면 회사를 키울 수 있게 도와달라고 부탁했다. 능력 있는 국내 업체를 키워서 재료를 안정적으로 공급받으려는 S사의 목표와 비전 있는 새로운 사업을 시작하고 싶었던 나의 목표가 맞아떨어져 결국 2008년 L사를 인수했고, 그 회사가 현재의 덕산네오룩스로 발전했다.

수 없었을 것이다. 준비가 되어 있지 않았다면 운이 다가와도 그 운은 무용지물에 불과한 것이다. 그러나 덕산은 자본뿐만 아니라 사업 확장과 관련된 모든 준비가 되어 있는 상태였다. 이는 곧 성공 존이 형성되어 있었다는 것을 의미한다.

비록 유미코아가 2대 주주로서 강력하게 반대했지만, 덕산은 그 성공 존에 들어가는 것을 주저하지 않았다. 준비된 자에게 기회는 단순한 운이 아닌 기적으로 다가온다. 덕산은 그 기회를 놓치지 않았기에 결국 오늘날의 덕산네오룩스가 탄생할 수 있었다.

이처럼 철저한 준비와 꾸준한 노력을 한 덕분에 운이 찾아왔을 때, 그 기회를 능동적으로 잡아 성공의 길을 걸어갈 수 있었다. 기적은 결코 기적적으로 찾아오는 것이 아니다. 오로지 준비되고 노력한 자에게만 찾아오는 것이다.

준비가 되어 있으면 운이 따랐을 때 그것을 낚아채어 기적을 연출할 수 있지만, 준비되어 있지 않으면 기존에 하던 사업도 망치게 된다. 기회가 왔을 때 충분한 준비가 되어 있지 않아서 그 기회를 놓치게 되면 단순히 새로운 기회를 잃는 것에 그치지 않고, 이미 잘하고 있던 기존 사업마저도 위험에 처할 수 있다는 것이다. 이는 기회를 잃을 뿐만 아니라 기존에 쌓아온 기반도 무너질 수 있다는 의미이다. 준비가 철저해야만 성공의 기회가 만들어져 기적을 연출할 수 있는 원동력이 되는 것이다.

작은 일이라도 최선을 다하라

작은 일이 가져오는 큰 차이

해마다 신입사원이 들어온다. 그들은 모두 출발선이 같다고 볼 수 있다. 그런데 시간이 흐르며 어떤 사람은 중간에 도태되고 어떤 사람은 기업의 중요한 직책을 맡게 된다. 그 이유는 무엇일까? 나는 그것이 작은 차이에서 비롯된다고 생각한다.

신입사원을 맞으면 작은 일에도 최선을 다하라고 가르치는데, 그 작은 일이 결국은 큰 차이를 만든다. 신입사원이 회사에 와서 처음에 하는 일은 대체로 서류 복사, 서류 정리, 혹은 자료 조사와 같은 단순하고 사소한 일이다. 하지만 아무리 단순하고 사소해 보이는 일일지라도, 그 일을 하며 창의성과 성실함을 발휘하는 것이 중요하다. 이러한 일들에서 최선을 다하면 근소한 차이지만 남과 다른 성과를 보일 수 있다. 이러한 작은 일들에서의 성과가 쌓여

상사의 신뢰를 얻고, 나아가 더 중요한 역할을 맡을 기회를 얻게 되는 것이다. 그렇기에 나는 신입사원에게 자신이 맡은 일에 대해서 최선을 다하라고 교육하며, 일본의 한큐전철 설립자인 고바야시 이치조가 했던 이야기를 들려준다.

일본 한큐전철의 설립자인 고바야시 이치조는 "당신이 신발을 정리하는 일을 맡았으면, 이 세상에서 신발 정리를 가장 잘하는 사람이 되어라. 그러면 세상은 당신을 신발 정리만 하는 사람으로 놔두지 않을 것이다."라는 말을 남겼다. 이 말은 단순한 노동이나 사소한 업무에서도 최선을 다하고, 창의성을 발휘하라는 가르침을 담고 있다. 신발 정리는 누구나 쉽게 할 수 있는 일처럼 보인다. 하지만 그 일에서도 정성을 다하고 차별성을 보이면, 사람들은 그를 신발 정리하는 사람으로 놔두지 않고, 그에게 더 중요한 일을 맡길 것이다.

일본의 전국시대 말기, 세 명의 영웅이 있었다. 오다 노부나가, 도요토미 히데요시, 그리고 도쿠가와 이에야스. 이 세 인물은 일본 역사의 흐름을 바꾼 주역들로 널리 알려져 있다. 이 중 도요토미 히데요시는 오다 노부나가의 하인으로 출발했지만 뛰어난 발상과 창의력, 순발력을 발휘해 작은 일에도 최선을 다했기 때문에 노부나가의 신임을 얻을 수 있었다. 히데요시는 노부나가의 하인이던 시절, 추운 겨울날 주군인 노부나가의 신발을 품에 품어 따뜻하게 만들었다. 뿐만 아니라, 노부나가가 뭔가 사와야 할 게 있어서 가신들에게 시키면 비싸기만 하고 질이 엉망인 것만 잔뜩 가져오기 십 상이었는데 히데요시는 가신들보다 더 좋은 것을 더 싼 가격으로 구해 왔다6. 단순한 심부름도 적당히 하지 않고, 주어진 일에 최선을 다해 더 큰 가치를 부여했던 것이다. 히데요시는 노부나가의 신임을 얻어 결국 제2인자가 되었고, 노부나가 사후 노부나가의 뒤를 이어 천하 통일이라는 대업을 이룩할 수 있었다.

이 이야기는 오늘날에도 강력한 메시지를 전해 준다. 우리는 흔히 단순하고 작은 일에 대해서는 가벼이 여기는 경향이 있다. 그러나 도요토미 히데요시처럼, 작은 일에도 성심성의를 다한다면 그 일에서 더 큰 의미와 기회를 발견할 수 있고, 더 중요한 일을 할 기회를 잡을 수 있다.

사람들은 대체로 거창한 목표와 높은 지위만을 좇는 경향이 있다. 하지만 세상의 많은 성공 사례들을 보면, 작은 일에서도 남다른 노력과 정성을 기울인 사람들이 결국은 그들의 삶에 큰 변화를 만들어 냈다는 것을 알 수 있다. 작은 일에도 최선을 다하는 것이 바로 성공의 초석이다. 작은 일들을 소홀히 하면서 큰 성과를 기대할 수는 없다. 작은 걸음이라도 한 걸음 한 걸음 꾸준히 걸어 나갈 때, 결국 더 높은 곳으로 나아갈 수 있다.

우리 주변의 많은 일은 신발 정리와 비슷한 성격을 지니고 있다.

---

6 히데요시는 자신의 돈을 보태 더 좋은 물건을 사서 바치며 신임을 쌓았다고 한다.

단순하고 반복적이며, 특별한 기술이 필요하지 않은 일처럼 느껴질 수 있다. 하지만 그 속에서도 남다른 가치를 만들어 낼 방법은 언제나 존재한다. 작은 일이라도 최선을 다할 때, 우리는 그 일에서 자신만의 창의성과 차별성을 발휘할 수 있게 된다. 그렇게 할 수 있을 때 비로소 우리는 단순한 일을 맡은 직원이 아닌, 더 큰 가능성을 가진 사람으로 성장하게 되는 것이다.

따라서 우리는 자신에게 질문을 던져야 한다. '내가 지금 맡은 일의 분야에서 최고가 될 방법은 무엇인가?' 자신이 맡은 작은 일에서도 그 안에서 창의성을 발휘하고, 더 높은 단계를 추구할 방법을 찾아야 한다. 그렇게 할 때, 세상은 우리를 작은 일만 하는 사람으로 묶어 두지 않고 더 가치 있는 일을 하게 할 것이다.

같은 출발선에 서 있던 신입사원 중 어떤 사람은 도태되고 어떤 사람은 성장한다. 그러한 결과는 작은 차이에서 비롯되며, 세월이 흘러 궁극에 가서는 결국 아주 큰 차이를 만들어 내는 것이다.

야망을 가져라

　윌리엄 스미스 클라크는 미국 출신의 농학 교수로, 일본 홋카이도의 삿포로농학교(現 홋카이도대학)에 초빙되어 농학, 식물학뿐만 아니라 자연과학을 가르쳤으며, 선진 낙농업을 홋카이도에 정착시킨 홋카이도의 개척자로 알려져 있다. 그가 삿포로 농학교의 교장으로 재직하다가 학교를 떠나면서 남긴 유명한 말이 있다. 바로 "Boys, be ambitious!(소년이여, 야망을 가져라)"라는 말이다. 이 말은 어린 시절부터 큰 꿈을 품고, 그 꿈을 이루기 위해 열정적으로 노력하라는 의미를 담고 있다. 또한, 자신이 이루고자 하는 목표를 달성함으로써 세상에 긍정적인 영향을 미칠 수 있는 사람으로 성장하라는 메시지를 내포하고 있다.

　나는 이 말이 소년에게만 해당하는 것이 아니라 소년을 비롯한 모든 세대의 사람에게도 적용된다고 생각한다. 특히 기업인에게 당부하고 싶은 말이기도 하다. 야망이란 방향과 목적을 부여하는 힘을 가지고 있다. 야망은 이것을 품은 사람에게 현재의 어려움을 극복하고 더 나은 미래를 만들기 위한 추진력을 제공한다. 야망을 품은 사람은 자신의 목표를 향해 거침없이 나아가며, 끊임없이 배우고 성장하는 과정에서 더 나은 자신을 만들게 된다. 특히, 야망을 품은 소년들이 성장하여 기업의 일원으로 참여하게 되면, 그들의 개인적인 성장이 기업의 발전으로 이어지며, 이는 자본주의 경제의 발전을 이끄는 중요한 원동력이 된다. 야망을 실현하는 과정에서 기업은 혁신을 이루고, 그 혁신은 결국 경제 발전에 이바지하게 된다. 따라서 야망을 가진 사람이 많을수록, 그리고 그들이 참여하는 기업이 성공할수록, 더욱 많은 혁신이 이루어지고 경제가 발전하게 된다. 결국, 야망을 가진다는 것은 단순히 개인의 성공에 그치는 것이 아니라, 사회와 경제의 지속적인 성장과 번영을 위한 핵심적인 추진력으로 자리 잡는다.

개인의 야망이 자본주의 경제 발전에 이바지한 사례는 셀 수 없이 많은데, 그중에서도 빌 게이츠와 마크 저커버그, 그리고 스티브 잡스가 대표적인 인물로 꼽힌다.

빌 게이츠는 어린 시절부터 컴퓨터에 대한 깊은 열정을 가지고 있었으며, 이를 바탕으로 마이크로소프트를 창업했다. 그의 야망은 단순히 소프트웨어를 판매하는 것이 아니라, 전 세계의 컴퓨터 운영체제 시장을 지배하는 것이었다. 결국, 빌 게이츠의 마이크로소프트는 개인용 컴퓨터의 표준 운영체제인 윈도우를 탄생시켰고, 이는 전 세계의 산업과 경제에 크나큰 영향을 미쳤다.

마크 저커버그는 페이스북(현재의 메타 플랫폼스)을 설립하여 세계적인 소셜 미디어 플랫폼을 구축하고, 정보 공유 및 커뮤니케이션 방식을 근본적으로 변화시킨 인물이다. 저커버그의 야망은 사람들의 일상생활에 영향을 미치는 커뮤니케이션 시스템의 글로벌 네트워크를 구축하는 것이었다. 그는 페이스북을 통해 소셜 네트워크의 개념을 대중화하고, 또 이를 통해 기업이나 개인 간의 상호작용 방식을 혁신적으로 변화시켰다. 페이스북은 단순한 온라인 커뮤니케이션 도구를 넘어서, 광고와 마케팅, 정치적 의견 교환, 사회적 운동 등 다양한 분야에 영향을 미쳤다. 또한, 페이스북은 광고를 통한 수익 창출 모델을 혁신하며, 디지털 광고 산업의 판도를 바꾸었다. 저커버그의 이러한 혁신에 힘입어 많은 기업이 페이스북과 같은 플랫폼을 통해 글로벌 마케팅을 효과적으로 할 수 있게 되었다.

스티브 잡스는 디자인과 혁신에 대한 야망으로 세계의 IT 산업을 재편하여 21세기 혁신의 아이콘이라 평가받는 인물이다. 그의 야망은 단순히 제품을 판매하는 것이 아니라 사람들의 삶의 방식을 근본적으로 변화시키는 데 있었다. 잡스는 애플을 창업하여 애플 II(Apple II)와 매킨토시(Macintosh)의 성공을 통해 개인용 컴퓨터 시장을 개척했으며, 전자기기에 마우스와 터치스크린 방식을 도입하는 등 사용자 인터페이스의 개념을 대중화했다. 또, 아이폰(iPhone) 개발로 스마트폰을 이용한 모바일 시대를 만드는 데 일조하였으며, 이는 전 세계의 커뮤니케이션, 정보 소비, 비즈니스 방식을 완전히 바꾸어 놓았다. 잡스의 야망은 기술과 인문학을 융합해 사람들의 경험을 한 단계 끌어올리는 것이었다. 이러한 잡스의 야망대로 애플은 하나의 기업을 넘어, 전 세계의 문화를 주도하는 브랜드로 성장했다.

이처럼 빌 게이츠와 마크 저커버그, 그리고 스티브 잡스는 각각 기술 혁신을 통해 자본주의 경제 발전에 크나큰 기여를 했다. 그들의 야망은 단순히 개인적인 목표를 넘어, 개인의 일상적인 삶과 사회 발전, 그리고 경제 전반에 걸쳐 긍정적인 영향을 미치며 자본주의 경제 발전의 중요한 원동력이 되었다. 이들은 모두 자신이 품은 야망을 이루기 위해 끊임없이 도전하며 혁신을 이루었다. 그 과정에서 새로운 시장과 산업이 창출되었으며, 이는 전 세계의 경제에 큰 변화를 가져왔다.

야망을 가지는 것은 사회 발전을 위한 중요한 원동력이 된다. 개인이 야망을 이루는 과정에서 야망은 사회에 긍정적인 영향을 미치며 전체 사회가 발전하도록 한다. 그렇기에 어릴 때부터 야망을 가지는 것이 중요하다. 야망은 결국 사회 발전의 밑거름이 된다.

인간관계는
보물을 찾는 과정이다

인간관계는 우리 삶에서 매우 중요한 의미를 지닌다. 그것은 단순히 타인과 교류하는 방식 이상의 의미를 가지며, 이를 통해 삶의 질이 결정되기도 한다. 인간관계는 사람 간의 소통과 상호작용을 통해 형성되며, 진정한 유대감을 쌓아 나가는 과정에서 소중한 보물을 발견할 수 있다. 여기서 보물은 물질적인 것이 아니라, 정신적, 감정적인 것으로, 심리적 안정과 만족감을 뜻한다.

- **인간관계의 가치 발견**

모든 만남은 하나의 기회다. 내가 일상에서 만나는 사람들은 나에게 각기 다른 도움을 줄 수 있다. 어떤 이는 나에게 삶의 지혜를 가르쳐주고, 어떤 이는 도전할 용기를 심어 준다. 또 다른 사람은 힘든 시기에 위로를 해 주거나 내가 의지할 수 있는 상대가 되어 주기도 한다. 이렇듯 사람들 간의 관계는 우리의 삶에 큰 영향을 미치며, 그 관계 속에서 형성되는 것들은 우리가 살아가는 데 있어 귀중한 자원이 된다.

사람들은 누구나 자신만의 가치와 잠재력을 가지고 있다. 중요한 것은 내가 다른 사람의 가치를 얼마나 이해하고 발견할 수 있느냐이다. 좋은 인간관계는 바로 이러한 가치를 서로가 발견하고 키워나가는 과정에서 형성된다. 때로는 나의 작은 관심과 배려가 상대방에게 큰 힘이 되어 줄 수 있고, 그것이 상대방에게는 상상 이상으로 값진 것이 될 수 있다.

– 인간관계라는 광산

나는 사람들과의 관계는 광산과 같다고 생각한다. 내가 만나는 모든 사람과의 관계에는 소중한 보물이 묻혀 있으며, 좋은 유대관계를 통해 그 보물에 다가갈 수 있다. 하지만, 이 보물을 캐기 위해서는 시간이 걸리고, 노력도 필요하다. 겉으로 드러나는 부분만으로는 그 가치를 알기 어렵고, 상대방의 내면을 깊이 이해하고, 그들과 진정한 교류를 해야만 그 보물에 다가갈 수 있다.

결국 인간관계는 우리가 그 보물을 캘 수 있는 광산과 같다. 이 보물은 우리의 삶을 더욱 빛나고 풍요롭게 만들어 주며, 정신적 만족과 행복을 가져다준다. 나아가, 이러한 관계를 통해 우리는 삶의 지혜를 얻고, 그 안에서 자신의 가치를 더욱 깊이 발견하게 된다.

 인간관계에 대한 나의 이러한 생각과 잘 어울리는 노래가 있어 소개하고자 한다. 캐나다의 전설적인 뮤지션인 닐 영이 1972년에 발표한 'Heart Of Gold'라는 팝송이다.

Heart Of Gold

 - Neil Young[7]

I wanna to live

I wanna to give

I've been a miner for a heart of gold

It's these expressions I never give

That keep me searching for a heart of gold

(후략)

나는 살아가고 싶어요

난 베풀고 싶어요

---

[7] 닐 영(Neil Young, 1945~). 캐나다의 전설적인 싱어송라이터로, 포크·록·컨트리 음악 등 다양한 장르의 음악을 두루 섭렵한 다재다능한 뮤지션이다. 그의 가사는 문학적으로도 높이 평가되고 있다.

나는 황금의 마음(순수한 마음)을 캐는 광부로 살아왔죠
한 번도 표현한 적은 없지만
이 때문에 나는 계속 황금의 마음(순수한 마음)을 찾아
헤매죠

(후략)

나는 마음속 황금을 찾는 광부처럼 살아왔다. 내가 만나는 모든 사람은 각기 다른 경험과 지혜, 그리고 황금처럼 소중한 가치를 가지고 있다. 나는 그들과의 관계 속에서 황금을 찾는다. 하지만, 이 황금을 발견하기 위해서는 인내가 필요하다. 금과 보석이 쉽게 발견되지 않듯이, 사람과 사람 사이의 깊은 유대 역시 단순한 교류만으로는 형성되지 않는다. 서로를 신뢰하고, 배려하며, 함께 성장해 나갈 때, 우리는 진정한 황금을 얻을 수 있다.

석과불식(碩果不食)

기업을 경영하는 사람에게는 반드시 가슴에 새겨야 할 말이 하나 있으니, 그것은 바로 석과불식(碩果不食)이다. '좋은 과실은 먹지 않는다.'는 뜻의 이 단순한 말 속에 기업의 흥망성쇠를 가르는 깊은 지혜가 담겨 있다.

농부는 가을이 되면 과실을 수확한다. 현명한 농부는 좋은 과실을 당장 자신의 배를 채우는 데 쓰지 않는다. 그것은 다음 해의 더 풍성한 수확을 약속하는 '씨앗'이기 때문이다. 좋은 씨앗일수록 더 우량한 후손을 낳는다는 것은 다윈의 진화론을 빌리지 않더라도 자명한 이치이다. 지금의 만족을 유보함으로써 미래의 더 큰 결실을 약속받는 것, 이것이 석과불식의 본질이다.

이 지혜는 기업 경영의 세계에서 더욱 절실하게 다가온다. 나는 이 정신을 '농부아사 침궐종자(農夫餓死 枕厥種子)'라는 비장한 말과 같은 의미로 받아들인다. '농부는 굶어 죽을지언정 씨앗이 담긴 자루를 베고 죽는다.'라는 농부의 결의이다. 기업가에게 '씨앗'이란 무엇인가? 그것은 바로 미래 성장을 위한 투자 자금이며, 위기를 돌파할 비상 자금이고, R&D를 통해 차세대 기술을 확보할 자금이다.

간혹 어떤 이들은 나에게 묻는다. "왜 그리 아끼기만 하는가?"라고 말이다. 그들은 눈앞의 화려한 과실, 즉 단기 이익과 배당에만 현혹되어 그 안에 든 씨앗의 가치를 보지 못하는 것이다. 기업이 벌어들인 이익이라는 과실을 임직원의 보너스 잔치로, 혹은 주주들의 단기적인 배당 요구에 맞춰 전부 소진해 버리는 것은 어리석은 경영이다. 그것은 내년 농사를 위한 씨앗마저 먹어치우는 행위와 같다.

주주들의 불만은 당연히 있을 수 있다. 그러나 진정한 기업가는 기업의 영속을 위해 쓴소리를 감내하며 묵묵히 미래를 위한 '총알'을 비축할 줄 알아야 한다. 이 총알이야말로 위기의 파도를 넘고, 새로운 성장의 기회를 잡을 수 있는 유일한 무기이다. 근검절약하며 기업 경영의 본질에만 충실하고, 그렇게 축적한 힘을 미래 가치에 투자하는 것. 이것이 석과불식의 정신이다.

우리가 꿈꾸는 기업은 한순간 반짝하고 사라지는 기업이 아니다. 수백 년의 역사를 이어가는 장수 기업, 시대를 선도하는 일류 기업, 나아가 국가 경제와 사회 전체에 윤택함을 더하는 영속 가능한 기업이다. 이러한 위대한 기업은 화려한 잔치 속에서 태어나는 것이 아니다. 석과불식의 고독한 결단과 '농부아사 침궐종자'의 처절한 인내 속에서 비로소 싹을 틔우고 거목으로 자라나는 것이다.

결국 이 모든 것은 후대를 위한 약속이다. 나의 뒤를 이을 후계자가 혈연관계의 친족이든, 뛰어난 실력을 갖춘 전문 경영인이든 상관없다. 그들에게 더 단단하고 풍성한 기반을 물려주어 더 큰 성공을 이룰 수 있도록 하는 것, 이것이야말로 창업자이자 선대 경영인에게 주어진 가장 신성한 의무이다.

진정한 기업가는 오늘의 과실에 취하는 자가 아니라, 내일의 더 큰 결실을 위해 가장 좋은 씨앗을 기꺼이 품고 지키는 자이다. 이것이 내가 걸어온 길이며, 여러분께 전하고 싶은 석과불식의 정신이다.

내 인생의 케렌시아, 덕산

나만의 안식처, 삶의 케렌시아

'케렌시아(Querencia)'는 스페인어로 '안식처' 또는 '안전한 장소'라는 의미를 지니고 있다. 이 단어는 스페인의 투우 문화에서 처음 사용되었는데, 소가 투우 경기 중 마지막 일전을 치르기 위해 잠시 숨을 고르는 공간을 말한다. 그곳에서 소는 힘을 회복하고, 다시 싸울 준비를 한다.

현대에 와서 '케렌시아'라는 말은 신체적·정신적·정서적으로 안전함을 느끼고 재충전할 수 있는 공간을 의미하며, 일반 사람들도 널리 사용하는 단어가 되었다. 즉, 케렌시아는 마음의 안정을 찾을 수 있는 자신만의 곳이다.

미국 워싱턴주에 있는 시애틀에 여행 갔을 때가 생각난다. 시애틀은 미국의 서북부에 있으며 캐나다와 국경을 접하고 있다. 워싱

턴주는 대단히 아름답다. 호수와 해안이 있으며, 물이 맑고 산림이 울창해 사람 살기가 아주 좋은 곳이다. 그곳에서 여행 가이드가 시애틀의 역사에 관해 설명해 주었다. 여행 가이드는 그곳에 살았던 대 추장 이야기를 들려주었다. 시애틀에는 두와미시족과 수콰미시족이 살았는데, 그 두 인디언 종족을 대표하는 추장의 이름이 시애틀이며, 시애틀이란 도시의 이름도 이 대 추장의 이름에서 따왔다고 한다.

서부 개척 시대 미국 정부는 서부로 영토를 확장하고 개발을 추진하면서 원주민들을 그들이 전통적으로 살아오던 땅에서 축출하여 강제로 이주시키는 정책을 시행했다. 1830년에 제정된 인디언 이주법(Indian Removal Act of 1830)은 이러한 정책의 중심에 있었으며, 이 법의 시행으로 체로키족, 머스코지족, 세미놀족, 치카소족, 촉토족이 조상 대대로 살아오던 미국 남동부의 고향 지역을 떠나 미시시피강 서쪽의 오클라호마에 있는 인디언 보호구역으로 이주하게 되었다. 원주민들은 이 과정에서 추위와 질병, 배고픔으로 고통받았으며 많은 숫자가 목적지에 도착하기 전에 사망했는데, 당시 미국 내 아메리카 원주민 부족들이 겪었던 일련의 강제 이주를 '눈물의 길(Trail of Tears)'이라 불렀다.

1854년, 당시 미국의 대통령이었던 프랭클린 피어스가 원주민 대 추장 시애틀에게 땅을 팔라는 위협적인 요구를 하자, 대 추장은 피어스 대통령에게 편지를 보냈다. 그 편지 내용을 가이드로부터

전해 들었는데 굉장히 인상 깊었다. 그 내용은 다음과 같다.

"우리 부족이 수백 년에 걸쳐서 살고 있던 땅을 매수하겠다는 제안은 매우 고마운 일입니다. 우리 부족과의 우정을 귀하게 여기는 제의에 대해 환영하며 고맙게 여기지 않을 수 없습니다. 과거에는 강제로 땅을 빼앗았는데, 지금은 매수하겠다고 하니 더욱 그렇습니다. 그러나 이 땅은 수백 년간 우리 조상이 살아왔고 지금도 우리가 살고 있는 땅입니다. 여기에 있는 강물, 풀 한 포기, 곰, 독수리 등 모든 것이 우리의 형제자매입니다. 그런데 우리에게 그런 형제자매를 팔라고 하는 것은 굉장히 어색한 일입니다. 반짝이는 별, 푸른 하늘, 낮의 따뜻한 햇볕을 우리는 소유하고 있지 않습니다. 우리는 공기의 신선함과 물의 반짝임을 소유하고 있지 않습니다. 소유하고 있지 않은 것을 어떻게 사고팔고 할 수 있겠습니까? 당신들이 팔라고 하니 응하지 않을 수 없지만, 이 땅은 매우 신성하다는 걸 기억해야 합니다. 여기에는 우리 조상이 묻혀 있습니다. 당신들이 땅을 사면 우리 조상은 당신들의 발아래 묻히지만 잊히지 않게 해 주십시오. 우리 조상과 종족이 겪은 많은 일을 기억하고 그대들의 자손에게도 가르쳐 주십시오. 또한, 이 강물이나 자연이 우리의 형제자매이듯이 이 땅에 살게 될 당신들에게도 형제자매가 된다는 것을 가르쳐 주십시오."

이 이야기는 미국인을 비롯한 다른 나라 사람에게도 엄청난 감동을 주었다. 시애틀 대 추장에 대한 여행 가이드의 이야기를 듣고,

미국인이 인디언에게서 유토피아를 빼앗았다는 느낌을 지울 수 없었다. 이 이야기를 들으면서 덕산산업 창업 당시의 나는 인디언과는 반대로, 인디언이 잃어버리기 전의 땅인 유토피아로 들어갔다는 생각이 들었다. 그들은 유토피아를 잃어버렸지만 나는 유토피아에 들어갔다고 생각되었기에 대비되어 연상된 것이다.

어느 소설에 나온 것으로 기억하는데, 제주도 해녀들 사이에는 독특한 관습이 있다고 한다. 그들은 해산물을 캐기 위해 바다로 들어가는데, 수면 아래에 자기만 아는 공간이 있다고 한다. 수중 지형은 육상의 지형보다 더 복잡하며, 산이 있고 굴이 있는 등 다양하고 숨겨진 곳이 많은데 그곳들 가운데 자신만의 아지트가 있는 것이다. 그 아지트는 전복을 비롯한 값진 해산물들이 풍부하게 서식하고 있으며, 한마디로 보물 창고와 같은 곳이다. 해녀들은 그 아지트를 혼자만 알고 누구에게도 알려주지 않으며, 후에 맏딸이 해녀가 되었을 때 그 딸에게만 알려준다고 한다.

심신이 피곤하고 마음을 위로받고 싶을 때 그들은 그 보물 창고에 들른다고 한다. 생계가 아무리 어려워도 그곳에 있는 보물은 따서 팔지 않는데, 사위 같은 정말 귀한 손님이 올 때는 그곳의 보물을 채취한다고 한다. 그곳이 해녀들에게는 큰 위안처이고 마음 든든한 케렌시아가 아닐까?

나에게 케렌시아는 어디일까? 나는 그곳이 덕산이라 생각한다.

현대중공업 5년과 현대정공에 이르기까지 5년의 회사 생활을 마무리하고 창업했을 때 유토피아에 들어선 것과 같은 자유로움을 느꼈다. 현대정공 재직 중 O 사장과의 관계[8]에서 정신적으로나 물질적으로 큰 상처를 입었기에 그러한 감정을 더 크게 느꼈는지도 모른다. 퇴사 후 움막 같은 영세한 건물을 짓고 프레스기를 사서 컨테이너와 조선 기자재의 부품을 찍어내며 나만의 사업을 하는 새로운 삶을 시작한 것인데, 이때의 심정은 마치 잃어버린 영혼을 되찾은 듯한 기분이었다. 내가 바랐던 이상향 내지는 자유로운 영혼이 깃든 유토피아가 이런 곳이구나 하는 느낌마저 들었다. 그곳이 나에게는 케렌시아로 다가온 것이었다.

창업 당시에는 여러 가지로 힘든 일이 많았다. 하지만 회사에 들어서면 케렌시아에 들어섰다는 느낌이 들었다. 복잡하고 머리 아픈 일들은 잊어버리고 심리적으로 안정감을 찾았다. 영혼이 자유롭다고 느꼈으며, 그 자유로움은 대기업에서 조직의 일부로 있을 때에는 결코 느낄 수 없던 것이었다. 그것은 나에게 커다란 가치로 다가왔는데, 그 자유로움은 바로 창의력을 발휘할 수 있는 저력이 되었다. 생각을 자유롭게 할 수 있으니 여러 가지 아이디어가 나

---

8 현대중공업에 다니다 현대정공으로 스카우트되어 자재부장을 맡았다. 그때, 구매과장 인사 문제로 당시 현대정공 정몽구 사장의 친구인 O 사장과 트러블이 있었고, 결국 그로 인해 현대정공을 그만두고 나와 덕산산업을 창업했다. 현대중공업, 그리고 현대정공과 거래하면서 출발은 순조로웠다. 그런데 O 사장은 내가 현대정공에 납품하던 품목을 가로챘을 뿐만 아니라 나를 도와주던 현대정공의 직원들에게 압력을 가해 나에게 불이익을 주었다. 당시 나는 사업뿐만 아니라 정신적으로도 큰 타격을 입었다.

왔으며, 그것으로 사업을 발전시켜 나갈 수 있었다. 그래서 덕산은 내 인생의 케렌시아였다고 말하고 싶다.

현대인은 누구나 바쁘다. 그러나 바쁠수록 쉬어가라는 말이 있다. 재충전할 수 있는 케렌시아가 필요한 것이다. 그래야 도약할 에너지를 얻게 된다. 현대인 누구에게나 케렌시아가 필요하듯, 사업을 시작하는 사람에게는 특히 케렌시아가 필요하다. 자신이 창업한 사업체가 케렌시아가 되면 가장 좋다는 것은 두말할 필요가 없다.

덕산은 내 인생에서 최고의 보물 창고였다. 몸과 마음이 피곤할 때 나에게 안식처가 되어 주는 곳, 내 꿈을 펼칠 수 있는 곳, 내 생각대로 할 수 있는 곳이었다. 덕산은 돈을 버는 곳이기도 했지만, 나에게는 영혼의 휴식처, 케렌시아였다.

회사를 떠나며

이제 나는 퇴임하고 명예회장으로 남았다. 덕산과 함께했던 그간의 여정을 돌아보며 다음의 말을 남긴다.

"生而不有, 爲而不恃, 長而不宰(생이불유, 위이불시, 장이부재)"

'낳았지만 소유하지 않고, 이루었지만 기대려 하지 않으며, 발전시켰지만 다스리려 하지 않는다.'는 뜻이다.

이 말은 내가 덕산을 이끌어 오면서 항상 마음속에 새기고 실천해 온 원칙이었으며, 퇴임 후의 나의 다짐이기도 하다.

덕산을 이끌며 애정과 열정을 다해 왔지만, 이제는 한 걸음 물러나 덕산이 스스로 성장하는 모습을 지켜보려 한다. 그동안 내가 쌓아온 모든 경험과 지식은 이제 덕산을 떠받드는 힘이 될 것이다. 내가 덕산을 이끌었던 시간은 그 자체로 소중한 기억으로 남게 되겠지만, 이제는 그 모든 일이 덕산이 앞으로 나아가는 길에 큰 밑거름이 되길 바란다.

    내가 앞으로 할 수 있는 일은 덕산이 더 높은 곳으로 나아가는 모습을 보며, 그 길을 함께 걷는 사람들을 응원하는 것이다. 그들이 덕산을 더욱 발전시키고, 더 큰 미래를 열어 가는 모습을 지켜보는 것만으로도 나는 큰 기쁨을 느낄 것이다. 새로운 도전과 발전을 맞이할 덕산의 앞날을 기대한다.

다시 아침을

비바람 거센 날들이
숱하게 지났어도
창밖 정원 나무들은
그대로 서 있으니
그저 감사할 따름이다.

섣부른 우려 속에서
고개를 들면
나의 바다는 여전히
나를 품어 준다.

이젠 가벼워진
출장 가방을 챙기며
다시 아침이
열리기를 기다린다.

/ 마치는 글 /

기업 경영,
내 영혼의 안식처

　기업 경영은 단순한 직업이 아니라 내 영혼의 케렌시아였다. 케렌시아는 스페인어로 '내면의 안식처'를 의미하며, 나는 기업 활동을 통해 마음의 안정과 미래를 설계하는 힘을 얻었다. 경제적 성공을 넘어 국가적, 사회적 책임을 다하며 자부심을 느낄 수 있었기에, 기업가의 길을 선택한 것은 내 인생에서 현명한 결정이었다. 기업을 경영하며 얻은 보람과 성취를 되돌아보면, 이 길을 선택한 것이 정말 잘한 일이라고 확신한다. 내가 이런 생각을 하게 된 것은 다음과 같은 이유에서이다.
　첫째, 기업 경영은 국가 경제에 기여하는 일이다. 기업은 국민의 소비생활 수준 향상, 고용 창출, 조세 부담, 협력업체에 대한 일거리 제공, 기술 혁신 등으로 국가 경제 발전의 중요한 축을 담당한다.

나는 국가 경제 발전에 핵심적인 역할을 하는 기업을 경영하는 기업인으로서 스스로 자부심과 자긍심을 가질 수 있었다.

둘째, 기업인의 삶에는 경제적 성공을 넘어선 '멋'이 있다. 기업 활동의 성과가 좋아 이익이 증가하면 복지 수준 향상이나 성과급 배분 등으로 임직원과 이익을 나누고, 사회 공헌 활동으로 사회에 이바지하는 일은 기업인으로서 큰 보람을 주었다.

셋째, 기업 경영은 끊임없이 변화하는 환경 속에서 새로운 도전을 하고 창의적인 해결책을 찾아가는 과정이다. 변화에 적응하고 새로운 시도를 하는 일들은 내 삶에 활력을 불어넣었다.

넷째, 기업 활동을 통해 인생의 깊이와 폭을 넓힐 수 있었다. 회사 안팎의 다양한 사람과의 만남과 폭넓은 교류, 다양한 분야에서의 지식 습득과 경험은 단순한 사업의 성공을 넘어 한 인간으로서 성장할 수 있는 길이 되었다.

다섯째, 기업인의 삶은 바쁘지만 자유로움을 누릴 수 있는 삶이었다. 이러한 자유로움은 내 삶을 주도적으로 살아갈 힘이 되었고, 그 과정에서 영혼의 여유를 찾을 수 있었다.

그러나 이러한 특전을 누리기 위해서는 중요한 전제 조건이 있는데 그것은 바로 정도 경영을 해야 한다는 것이다. 기업 경영은 윤리적 기반 위에서 단순한 이익 추구를 넘어 사회적 책임을 다하고, 환경을 보호하며, 윤리적 가치를 실천할 때에만 진정한 의미를 지닐 수 있고, 앞서 언급한 여러 가지 특전도 누릴 수 있는 것이다.

나의 선택이 단순한 개인적 성취를 넘어 사회에 긍정적인 영향을 미쳤다는 점에서 큰 보람을 느낀다. 기업을 경영하기로 한 것은 내 인생에서 내린 가장 탁월한 결정 중 하나였으며, 그런 의미에서 나에게는 기업 경영 활동이 케렌시아였다. 내게 케렌시아였던 기업을 경영하면서 한 생각들을 이 책에 담았기에 이 책 또한 케렌시아가 될 수도 있겠다. 이 책을 읽는 독자도 이 책 속에 담긴 케렌시아를 느끼게 되길 바란다.

　그리고 또 한 가지, 이 책을 쓰면서 내내 생각한 것은 기업 경영과 인생 경영이 서로 깊이 맞닿아 있다는 것이었다. 사실, 우리가 일상생활에서 마주하는 크고 작은 결정들은 기업을 경영하면서 하는 의사 결정과 크게 다르지 않다. 우리가 설정한 목표를 향해 꾸준히 나아가는 과정도 마찬가지이다. 이러한 과정에서 깨달은 것은 기업 경영의 철학이 곧 삶의 철학이 될 수 있다는 것이다. 다시 말해 기업 경영의 원칙이 개인의 삶을 이끄는 중요한 원칙이 될 수 있다는 것이다.

　예를 들어, 목표를 설정하고 이것을 이루어 가는 과정에서의 끈기와 자기 성찰의 자세는 기업 경영에서도 중요한 덕목이지만, 개인의 삶에서도 매우 중요한 영향을 미친다. 목표를 향해 나아가는 길은 항상 순탄하지 않으며, 이 과정에서 끈기와 자기 성찰이 없다면 우리는 중간에 포기하거나 방향을 잃을 수 있다.

이 책이 독자에게 전달하고자 하는 메시지는 단순히 경영에 관한 것만이 아니다. 내가 경험한 바와 같이, 경영 철학은 우리의 일상에서 매일 행하는 선택과 행동에 깊은 영향을 미친다. 우리는 기업에서 배운 원칙들을 일상 속에서 실천하며 살아가고, 그런 작은 실천들이 모여 큰 변화를 만들어 낸다.

이 책을 통해 독자들이 자신만의 삶의 철학을 정립하고, 그 철학을 바탕으로 더 자신감 있게 일상 속에서 선택을 내리며 살아가기를 바란다. 또한, 내가 기업 경영을 통해 얻은 통찰들이 독자들에게 새로운 관점과 방향을 제시하여, 독자들도 함께 성장하고 발전하는 기회가 되기를 바란다.

나의 케렌시아가 독자에게도 케렌시아가 되길 기원하며…

2025년 10월 덕산그룹 명예회장실에서

이준호

이정표를 세우다

2025. 10. 22. 초 판 1쇄 인쇄
2025. 10. 29. 초 판 1쇄 발행

지은이 | 이준호
펴낸이 | 이종춘
펴낸곳 | BM (주)도서출판 성안당

주소 | 04032 서울시 마포구 양화로 127 첨단빌딩 3층(출판기획 R&D 센터)
　　　 10881 경기도 파주시 문발로 112 파주 출판 문화도시(제작 및 물류)
전화 | 02) 3142–0036
　　　 031) 950–6300
팩스 | 031) 955–0510
등록 | 1973. 2. 1. 제406–2005–000046호
출판사 홈페이지 | www.cyber.co.kr
ISBN | 978–89–315–8588–9 (03320)
정가 | 18,000원

이 책을 만든 사람들
책임 | 최옥현
진행 | 채정화
교정·교열 | 채정화
표지 디자인 | 박원석
본문 디자인 | 임흥순
홍보 | 김계향, 임진성, 김주승, 최정민, 이해솜
국제부 | 이선민, 조혜란
마케팅 | 구본철, 차정욱, 오영일, 나진호, 강호묵
마케팅 지원 | 장상범
제작 | 김유석

이 책의 어느 부분도 저작권자나 BM (주)도서출판 성안당 발행인의 승인 문서 없이 일부 또는 전부를 사진 복사나 디스크 복사 및 기타 정보 재생 시스템을 비롯하여 현재 알려지거나 향후 발명될 어떤 전기적, 기계적 또는 다른 수단을 통해 복사하거나 재생하거나 이용할 수 없음.

■ 도서 A/S 안내

성안당에서 발행하는 모든 도서는 저자와 출판사, 그리고 독자가 함께 만들어 나갑니다.
좋은 책을 펴내기 위해 많은 노력을 기울이고 있습니다. 혹시라도 내용상의 오류나 오탈자 등이 발견되면 **"좋은 책은 나라의 보배"**로서 우리 모두가 함께 만들어 간다는 마음으로 연락주시기 바랍니다. 수정 보완하여 더 나은 책이 되도록 최선을 다하겠습니다.
성안당은 늘 독자 여러분들의 소중한 의견을 기다리고 있습니다. 좋은 의견을 보내주시는 분께는 성안당 쇼핑몰의 포인트(3,000포인트)를 적립해 드립니다.
잘못 만들어진 책이나 부록 등이 파손된 경우에는 교환해 드립니다.

The Milestone Ahead